KB236470

말씀의빛

읽고 묵상하는 성경 공부 시리즈 **믿음의 나무 7**
믿음의 열매 교실 1권

말씀의빛

읽고 묵상하는 성경 공부 시리즈 믿음의 나무 7
믿음의 열매 교실 1권

지은이/김연수
펴낸이/김하정
펴낸곳/말씀의빛
편집책임/김지훈
디자인/김지훈
출판신고/2025년 11월 24일 제2025-000008호
초판 1쇄 인쇄/2026년 1월 6일
초판 1쇄 발행/2026년 1월 15일

주소/인천 동구 화도진로187 만석비치타운 110동 1204호
전화/010-6323-2067
ISBN 979-11-996090-6-8

성경 공부 시리즈 「믿음의 나무」를 발간하면서

성경 공부 시리즈 「믿음의 나무」는 농부가 옥토를 찾아 '씨앗'을 심은 후에 '뿌리'를 내리고 '가지'를 뻗고 나서 '열매'를 맺듯이, 신앙의 기초에서 시작해서 성장을 거쳐 삶 속에서 믿음을 실천하도록 돕는 것을 목적으로 제작한 성경 공부 교재입니다. 필자는 목사 안수를 받은 후 교회 현장에서 16년의 목회 경험과 장년 성경 공부 10여 년의 인도 경험을 바탕으로, 말씀을 사랑하지만 어디서부터 시작해야 할지 몰라 머뭇거리는 성도들을 돕고자 이 시리즈를 집필하였습니다. 신앙 성숙의 원리를 구체적인 상황과 연결함으로써 '말씀을 아는 성도'에서 '말씀을 살아내는 제자'로 성장하도록 이끌고자 했습니다. 이 시리즈의 교재들을 배우고 익히면서 한 걸음씩 말씀을 따라가다 보면, 씨앗이 심겨지고 뿌리를 내리며, 가지를 풍성하게 뻗어서 아름다운 열매를 맺는 신앙 성장의 은혜를 누리게 될 것입니다. 본서에 인용된 모든 성경 구절은 「개역개정」을 따릅니다.

성경 공부 시리즈 「믿음의 나무」를 아래와 같이 구성했습니다. 본 교재는 4단계 : 「믿음의 열매 교실 Ⅰ권」입니다.

- 1단계 : 「믿음의 씨앗 교실 Ⅰ권」
  「믿음의 씨앗 교실 Ⅱ권」

- 2단계 : 「믿음의 뿌리 교실 Ⅰ권」
  「믿음의 뿌리 교실 Ⅱ권」

- 3단계 : 「믿음의 가지 교실 Ⅰ권」
  「믿음의 가지 교실 Ⅱ권」

• 4단계 : 『믿음의 열매 교실 Ⅰ권』
　　　　　『믿음의 열매 교실 Ⅱ권』

　본 시리즈의 각 교재들은 '단계적 연속성'을 지닙니다. 따라서 1단계 Ⅰ권부터 4단계 Ⅱ권까지 여덟 권을 차례대로 공부하면 좋겠지만, 그렇다고 해서 반드시 순서를 따를 필요는 없습니다. 어느 단계의 교재이든지 마음이 가는 것을 골라서 하나님 말씀을 배우고 묵상하면서 순종으로 이어 가겠다는 마음이면 충분합니다.

　필자는 본 시리즈의 교재들을 우선적으로 개인이 하루에 한 과씩 정독하고 묵상하면서 공부하도록 설계하였습니다. 교재의 내용들을 연속으로 읽어 내려가기보다는, 조용한 상소를 찾아서 하루에 한 과씩 내용을 읽고 묵상하신 후에 마지막 단락에 있는 "성경 공부를 통해서 얻은 통찰 메모하기"로 마무리하시길 권합니다. 아울러 본 교재는 소그룹 나눔과 강의식 성경 공부에도 무리 없이 활용할 수 있도록 내용이 구성되어 있습니다. 개인 학습으로 다져진 통찰을 공동체와 함께 나누되, 리더의 강의와 토론을 통해 이해를 확장하고 교재에 있는 여러 나눔의 내용들을 소그룹 안에서 나누실 것을 권합니다. 이러한 나눔과 피드백의 선순환이 배움이 생활의 습관으로 이어지도록 도움을 줄 것입니다.

　시리즈의 각 교재들마다 '나눔 거리'(객관식과 주관식)를 풍성하게 담아서, 독자들이 배운 내용을 공부하는 자리에서 되새기면서 적용하도록 하였습니다. '나눔 거리'는 성경 지식을 머리에만 머물지 않고, 마음과 삶으로 옮겨가도록 돕는 통로가 됩니다. 나눔을 통해서 말씀이 구체적인 삶의 적용점으로 이어지며, 나아가서 '개인의 깨달음'이 '공동체의 지혜'로 확장되는 징검다리가 될 것입니다. '나눔 거리'는 대부분 객관식으로서, 객관식 나눔의 답이 하나일 때도 있고 여러 개일 때도 있고 전부일 때도 있습니다. 주관식 나눔도

일부 들어가 있는데, 주관식 나눔의 목적을 교재의 내용을 묵상하는 중에 나눔을 천천히 읽고 곰곰이 생각해 보는 과정을 가짐으로써, 사고의 폭이 넓어지고 삶의 실천으로까지 나아가도록 하는 데에 두었습니다. 교재의 마지막 부분에 객관식 나눔의 답과 주관식 나눔에 대한 예시 답변을 실어놓았으니, 묵상을 마치신 후에 참조하시면 되겠습니다.

본 시리즈는 '지식'을 넘어 '삶'으로 이어지는 믿음의 여정으로 안내하는 것에 주안점을 두었습니다. 본 시리즈의 교재들이 독자들에게 하나님과의 관계를 다시금 점검하면서, 흔들림 없는 믿음으로 나아가도록 그 토대를 세워줄 것입니다. 바라기는 본 시리즈의 교재들을 접하는 모든 이들이 말씀의 반석 위에 굳건히 서며, 신앙 공동체 안에서 함께 믿음의 성장을 이루어가는 기쁨을 누리게 되기를 소망합니다.

본 교재(『믿음의 열매 교실 I권』)는 10주 과정으로서, 신앙의 뿌리를 내리고 가지를 뻗으면서 삶 속에서 열매를 맺는 신앙인으로 살아가도록 돕는 여정입니다. 신앙인들이 세상 속에서 부딪히는 다양한 질문과 도전에 성경적으로 답하도록 돕는 데에 초점을 맞추었습니다. 1부에서는 건강한 기독교 세계관을 세우고, 과학과 신앙의 관계, 다른 종교와 구원의 문제 같은 현대적 질문들에 이어서 이단을 어떻게 대처할 것인지를 다룹니다. 2부에서는 인간의 본성에 대한 이해를 통해서 신앙의 분별력을 세우며, 하나님의 은혜와 인간의 책임, 복음과 율법의 균형을 살펴봅니다. 3부에서는 제사와 이혼과 같은 현실적인 주제를 다룬 후에 일상 속 작은 전도 습관을 다루면서 복음을 삶으로 드러내도록 이끕니다. 『믿음의 열매 교실 I권』의 목적은 성도들이 삶 속에서 열매 맺는 신앙인으로 살아가도록 돕는 것에 있습니다. 현대 사회의 다양한 문제들과 현실적 과제에 분별력 있게 대응하며, 복음을 일상 속에서 드러내는 성숙한 신앙을 형성하도록 인도하는 데에 목적이 있습니다.

원고 집필 과정 내내 관심과 기도로 응원해 주신 모든 분들께 감사를 드립니다. 특별히 광성교회에서 10년간 성경 공부를 인도할 수 있도록 배려해 주신 남광현 위임목사님께 감사드립니다. 목사님의 관심과 넓은 배려 속에서 풍부한 성경 공부 경험을 쌓을 수 있었습니다. 그리고 지난 10여 년 동안 저의 성경 공부 강의에 성실하게 참여하신 광성교회의 여러 성도님들께도 감사드립니다. 바쁜 목회 일정 속에서도 본 교재의 디자인을 맡아 주신 김지훈 목사님께 깊이 감사드립니다. 세심한 미감과 구조화 덕분에 글의 내용의 가독성과 전달력이 한층 높아졌습니다. 본문을 정성껏 교정해 준 동생 김지연 집사에게도 감사의 마음을 전합니다. 꼼꼼하게 오타를 점검하면서 문장을 다듬어줌으로써 글의 정확성과 품격이 크게 향상되었습니다.

바라기는 이 작은 책이 하나님을 사랑하는 독자들의 신앙 여정에 따뜻하고 섬세한 동반자가 되기를 바랍니다.

2025년 11월 24일

김 연 수

이 책을 개인적으로 공부하는 방법

(매일 또는 한 주에 한 과씩 10주 과정으로 읽고 묵상하실 것을 권합니다.)

1. 공부 준비(3분): 교재와 함께 필기구를 준비하고 조용한 장소를 찾아서 기도를 한 후에 성경 공부를 시작합니다.

2. 개요 파악(5분): "학습 포인트"를 읽은 후에 해당 과가 어떤 소제목들과 내용으로 구성되어 있는지를 훑어보면서 파악합니다.

3. 본문 읽기(20분): 본문을 정독해서 읽어 내려가는 중에 핵심 문장들에 밑줄을 긋고 그 의미를 새겨봅니다.

4. "함께 나누어요"(17분): 본문의 마지막 항목마다 "나눔 거리"가 들어가 있습니다. 정답 유도형 나눔이 아니라 자기반성적이고 성찰적인 성격의 나눔입니다. 읽은 본문을 근거로 답을 찾도록 구성되어 있어서, 객관식 나눔의 정답을 쉽게 찾을 수 있습니다. 객관식 나눔에서는 정답과 틀린 답변들을 보면서, 나와 내가 속한 공동체가 어떤 모습을 띠는지를 잠깐씩 돌아보는 시간을 갖습니다. 주관식 나눔에서도 특별히 답을 찾으려 하지 말고 나눔의 의도가 어디에 있는지를 생각해 보는 정도이면 좋습니다. 중요한 것은 '정답'보다 '진심 어린 성찰'입니다. 교재의 마지막에 "함께 나누어요 - 정답"을 실어놓았으니, 성경 공부를 마친 후에 정답을 비교해 보시면 되겠습니다.
cf) 객관식 나눔의 정답이 하나일 때도 있고 여러 개일 때도 있습니다.

5. 통찰 메모와 마무리 기도(10분): 성경 공부를 마치면서 공부한 내용을 머리에 떠올리면서 마지막 메모 란에 "통찰"을 적습니다. 이때 통찰에 주중 실천 사항 한 가지 정도가 포함되면 좋습니다. 통찰을 기록한 후에 기도로 마무리하면서 성경 공부를 마칩니다.

이 책을 소그룹에서 공부하는 방법

(소그룹 리더용 - 한 주에 한 과씩 10주 과정으로 읽고 묵상하실 것을 권합니다.)

1. 오프닝 & 기도(5분): 리더가 소그룹 멤버들을 환영하고 서로 인사를 나누도록 한 후에 기도로 성경 공부를 시작합니다.

2. 개요 파악(5분): 리더가 소그룹 멤버들과 함께 "학습 포인트"를 읽으면서 해당 과가 어떤 소제목들과 내용으로 구성되어 있는지를 훑어보면서 파악하도록 이끕니다.

3. 본문 읽기(20분): 리더는 성경 공부 전에 본문의 각 소제목에서 핵심 설명이 무엇인지를 미리 파악하면서 요점을 파악하셔야 합니다. 성경 공부 시 미리 파악한 요점을 간략하게 설명합니다.

4. "함께 나누어요"(20분): 본문의 마지막 항목마다 "나눔 거리"가 들어가 있습니다. 정답 유도형 나눔이 아니라 자기반성적이고 성찰적인 성격의 나눔입니다. 읽은 본문을 근거로 답을 찾도록 구성되어 있어서, 객관식 나눔의 정답을 쉽게 찾을 수 있습니다. 객관식 나눔에서는 리더가 정답과 틀린 답변들을 가지고 지체들이 자신들의 신앙생활이 어떤지를 돌아보도록 이끌어야 합니다. 주관식 나눔에서도 특별히 답을 찾으려 하지 말고, 리더가 나눔의 의도가 어디에 있는지를 지체들이 생각하도록 이끄는 정도이면 좋습니다. 중요한 것은 '정답'보다 '진심 어린 성찰'입니다. 교재의 마지막에 "함께 나누어요 - 정답"을 실어놓았으니, 성경 공부를 준비하실 때 정답을 참조하면서 나눔의 방향성을 잡으시면 되겠습니다.
cf) 객관식 나눔의 정답이 하나일 때도 있고 여러 개일 때도 있습니다.

5. 통찰 메모와 마무리 기도(10분): 리더는 성경 공부를 마치면서 지체들이 공부한 내용을 머리에 떠올리면서 메모란에 "통찰"을 적도록 인도합니다. 지체들이 적은 통찰을 소그룹에서 짧게 나눈 후에 기도로 마무리하면서 성경 공부를 마칩니다.

추천의 글 1

김 명 용 (前 장로회신학대학교 총장, 온신학아카데미 원장)

김연수 목사가 성경 공부 시리즈 「믿음의 나무」(1-8권)를 펴내게 됨을 진심으로 기쁘게 생각합니다. 이 시대의 한국교회 성도들에게 꼭 필요한 성경 공부 교재입니다. 성경 지식을 전달하는 데만 머무르지 않고, 말씀을 삶으로 살도록 하는 실제적 동력을 제공해 줍니다. 매 과마다 학습 포인트를 먼저 제시하면서 본문과 나눔과 적용의 구조로 명확하게 이루어져 있어서 누구나 부담 없이 혼자서 이 교재를 읽으면서 공부할 수 있습니다. 나아가서 새가족반(기초반), 양육자반(중급반), 성숙자반(상급반) 등 다양한 소그룹 성경 공부 교재로도 손색이 없습니다. 교회 교육의 표준을 찾는 분들에게, 저는 확신을 가지고 이 시리즈를 추천합니다. 성경 공부 시리즈 「믿음의 나무」가 각 교회와 가정에서 성도들의 믿음의 토대를 깊게 세우고, 예수 그리스도의 제자의 삶을 일상 속에서 풍성하게 살아가도록 이끌기를 소망하면서 기쁨으로 본서를 권합니다.

추천의 글 2

정 성 진 (거룩한빛광성교회 은퇴목사, 실천신학대학원대학교 총장)

교회에서 예배 다음으로 중요한 것이 성경 공부요 목사의 사역 중 설교 다음으로 성경을 가르치는 것이 중요합니다. 성경 공부 교재를 만드는 분들은 대부분 기독교 교육 전공자들이고, 성서학을 전공하는 분들이 간혹 있습니다. 그런데 김연수 목사는 조직신학박사입니다. 조직신학자로서 방대한 분량의 성경 공부 교재를 발간한 일은 매우 드문 경우입니다. 김연수 목사의 목회 여정을 살펴보니 광성교회 부목사로서 성인 성경 공부를 9년간 인도하면서 그 경험을 바탕으로 시리즈별 성경 공부 82주 과정의 방대한 교재를 집필한 것임을 알게 되었습니다. 조직신학자가 집필한 성경 공부 교재답게 기초과정, 중급과정, 상급과정, 성숙자과정으로 체계적으로 잘 구성되어 있음을 보았습니다. 성인 성경 공부 교재가 부족한 한국교회에 매우 반가운 일입니다. 김연수 목사의 노고를 치하드리며 한국교회 성숙에 크게 이바지하게 될 것을 믿어 기쁨으로 추천하는 바입니다.

윤 철 호 (장로회신학대학교 명예교수)

성경 공부 시리즈 『믿음의 나무』는 신앙의 기초를 든든히 세우고 싶은 모든 성도에게 꼭 필요한 성경 공부 교재입니다. 저자의 풍부한 목회 경험이 담긴 이 책은 말씀을 알고-묵상하고-살아내는 신앙의 여정을 따뜻하게 안내합니다. 하루 한 과씩 묵상하도록 설계된 구성과 풍성한 나눔 요소는 개인 학습은 물론 소그룹 공부에도 탁월합니다. 신앙의 씨앗이 자라 뿌리를 내리고 열매 맺도록 돕는 귀한 도구로서, 말씀 앞에서 다시 출발하고자 하는 모든 분께 기쁘게 추천합니다.

추천의 글 4

최 윤 배 (前 장로회신학대학교 조직신학 교수/現 객원교수)

추천인은 김연수 박사님의 옥저, 성경 공부 시리즈 『믿음의 나무』(8권)를 크게 두 가지 이유에서 모든 평신도들과 신학도들과 목회자들에게 강력하게 기꺼이 추천드립니다.

첫째, 저자가 김연수 박사님이기 때문입니다. 추천인은 그의 장로회신학대학교 학부(Th.B.)와 신학대학원 교역학석사(M.Div.) 과정에서 만난 이후, 그의 조직신학 전공 신학석사(Th.M.) 학위논문과 신학박사(Th.D.) 학위논문 지도교수로 함께 하였습니다. 그리고 그는 조교로서 추천인을 옆에서 직접 돕기도 하였습니다. 오랫동안 가까이서 경험한 김연수 박사님은 한결같이 성실하고 신실한 믿음의 신학도이며, 전도사며, 목사며, 신학자였습니다.

둘째, 본서의 내용과 저술 방법 때문입니다. 이 땅에 수많은 신앙 서적들이 있지만, 아쉬움을 가진 서적들이 많습니다. 내용이 난해하거나 부실한 경우가 적지 않습니다. 그러나 김연수 박사님의 『성경 공부 시리즈』는 내용이 아주 성경적이고 복음적인 동시에, 신앙백과사전과 같은 방대한 성경과 교리 내용이 아주 간결하고도 명쾌하게 진술되어 있습니다. 이에 본서를 평신도와 신학도와 목회자 모두가 읽고 배우며 삶과 교회에 실천하길 바라면서, 한국교회의 성숙을 위해 자신 있게 추천합니다.

추천의 글 5

신 옥 수 (장로회신학대학교 조직신학 교수)

하나님의 신실한 종 김연수 목사가 성경 공부 교재를 출간하게 됨을 진심으로 축하 드립니다. 건강한 신앙과 탄탄한 신학적 지식을 바탕으로 짜임새 있게 구성된 책이라고 생각합니다. 무엇보다도 하나님의 말씀을 사랑하고 교회를 사랑하는 마음이 가득 담겨 있습니다. 다양한 주제를 통해 신앙의 기초를 쌓을 수 있도록 풍성한 말씀의 식탁을 베풀고 있습니다. 말씀을 묵상하고 함께 나눔으로써 성도들의 실제 생활에 적용할 수 있도록 구성되었습니다.

김목사님은 장로회신학대학교 대학원에서 조직신학 박사 학위를 취득했는데, 누구보다도 탁월하고 성실하며 근면한 모습을 보여주었습니다. 10여 년 동안 교회 현장에서 성도를 사랑하고 섬기는 한결같은 자세로 성경 공부를 인도해왔으며, 이제 그 열매를 한국교회 앞에 내놓게 되었습니다. 본 저서가 하나님의 말씀에 대한 열정을 지닌 성도들에게 마른 가뭄에 생수처럼 다가갈 수 있기를 바랍니다. 성도들의 삶의 변화를 낳는 소중한 기회를 제공함으로써 말씀 공동체의 성숙을 위한 디딤돌이 되기를 기대합니다.

남 광 현 (광성교회 위임목사)

김연수 목사님은 제가 아는 목사님들 중 가장 목사님다운 목사님 중 한 분입니다. 우리 교회 청년부를 맡으면서부터 알게 되어 지금까지 10년을 같이 동역한 목사님입니다. 그런데 그렇게 선할 수 없습니다. 목사님은 학창 시절 공고 출신으로서 학교 다닐 때 모자를 삐딱하게 쓰고, 가방에 연장을 들고 다녔고, 그리고 성인이 되어서는 인천 당구 300 정도였다 합니다. 예수님을 만나기 전의 김연수는 어떤 사람이었을까, 가히 짐작이 갈 것입니다. 그러나 제가 지난 10년 동안 경험한 김연수 목사님은 정말 선한 목자입니다. 그렇다면 무엇이 그를 이렇게 변화시켰을까? 예수님입니다. 그분의 말씀입니다.

이번에 출간하는 성경 공부 시리즈 「믿음의 나무」는 그것을 보여줍니다. '씨앗'에서부터 시작하여 '뿌리', '가지', 그리고 '열매'에 이르는 변화! 그 내용은 오늘의 김연수 목사를 가능하게 한 하나님을 향한 그의 신앙고백과도 같습니다. 그가 공부했고, 그가 살았고, 그가 경험했고, 이제 묻고 답하는 과정 속에서 알아가게 되는 하나님입니다.

김연수 목사님은 조직신학 박사이기도 하지만, 우리 광성교회에서 수년간 목회와 성경 공부 사역을 성심을 다해 섬겨 온 목자입니다. 이 책은 김연수 목사님의 신학적 고민과 목회적 통찰이 알차게 담긴 결실입니다. 본 시리즈는 성경 본문에 기초해서 교리와 삶을 유기적으로 연결하며, 개인 묵상과 소그룹 나눔이 자연스럽게 맞물리도록 설계되어 있습니다. 질문과 적용이 선명하고 한국교회 현실에 맞춘 예시들이 독자들의 일상 속 순종을 구체적으로 이끌어줍니다. 말씀을 '아는 것'에서 멈추지 않고 '따르는 것'으로 이끄는 구조가 돋보이며, 교회 공동체가 같은 언어로 복음을 고백하고 실천하도록 돕는 좋은 커리큘럼입니다.

저는 본 시리즈가 우리 교회의 성도들뿐 아니라 한국교회 곳곳의 소그룹과 교육부서에서 널리 쓰이기를 진심으로 권합니다. 김연수 목사의 신실한 신앙과 탄탄한 연구가 만들어 낸 이 귀한 교재를 기쁨으로 추천합니다.

차 례

1부

진리의 시선으로
세상 바라보기

1과. 건강한 기독교 세계관 정립하기

1. 세계관이 무엇인가?

2. 다양한 세계관

　① 물리주의적 세계관

　② 기계론적 세계관

　③ 범신론적 세계관

　④ 목적론적 세계관

3. 기독교 세계관이 무엇인가?

4. 건강한 기독교 세계관 정립이 필요한 이유

5. 건강한 기독교 세계관을 어떻게 정립하는가?

　① 예배를 통해서

　② 말씀 묵상을 통해서

　③ 성경 공부를 통해서

　④ 기도를 통해서

　⑤ 섬김과 봉사를 통해서

1과. 건강한 기독교 세계관 정립하기

우리는 모두 '세계관'이라는 안경을 쓰고 이 세상을 바라봅니다. 따라서 우리가 쓰고 있는 안경이 흐리면 사건을 왜곡해서 보게 되고, 깨끗하면 진실에 더 가깝게 세상을 볼 수 있습니다. 신앙인들은 세상을 바라보는 안경을 기독교 세계관으로 삼아야 합니다. 기독교 세계관은 하나님이 창조주가 되신다는 믿음에서 출발합니다. 신앙인들은 건강한 기독교 세계관을 정립해야 하는 사람들입니다. 건강한 기독교 세계관이 정립되어야, 흔들리는 시대 속에서 무엇이 선하고 참된지를 분별하고, 주어진 삶의 자리 모든 곳에서 신앙인답게 바르게 살아갈 힘을 얻기 때문입니다. 건강한 기독교 세계관은 신앙인들에게 세상을 해석하고 살아가는 삶의 기준이 되며, 삶의 방향을 제시해 줍니다. "땅과 거기에 충만한 것과 세계와 그 가운데에 사는 자들은 다 여호와의 것이로다"(시 24:1).

[함께 생각하기]

우리는 많은 소식을 접하고 많은 생각을 하면서 하루를 살아갑니다. 그런데 그 속에서 무엇이 옳고 그른지, 무엇이 참된 것인지, 종종 헷갈릴 때가 있습니다. 그러다 문득 이런 질문이 떠올랐습니다. "나는 어떤 안경을 쓰고 세상을 보고 있는가?" 답을 쉽게 찾을 수가 없었습니다. 내가 쓴 안경이 세상의 것인지, 하나님의 것인지 분간하기 어려웠습니다. 그런데 말씀을 묵상하던 중에 내 안에서 이런 고백이 터져 나왔습니다. "세상의 주인은 하나님이시다!" 이 고백이 나의 마음을 붙들어 주었습니다. 이 고백 위에서 세상을 보니, 똑같은 풍경도 전혀 다르게 다가왔습니다. 일상의 작은 만남도, 힘겨운 사건도, 모두 하나님의 계획 안에서 의미가 있음을 알게 되었습니다. 이 깨달음을 주신 하나님께 감사하면서, 오늘도 믿음의 눈으로 세상을 바라보며 살려는 노력을 게을리하지 않겠습니다.

1. 세계관이 무엇인가?(Worldview)

세계관은 세상과 인생을 어떻게 이해하고 평가하며, 살아갈 방향을 어떻게 정하는지에 대한 기본적인 관점입니다. 세상은 여러 사람들이 함께 먹고 마시면서 살아가는 시간과 공간으로, 우리는 여러 '창문'을 통해서 세상을 봅니다. 이 창문이 흐리면 세상도 흐릿하게 보이고, 이 창문에 빛이 비치면 이 세상도 밝게 보입니다. 따라서 같은 사건을 놓고서도 세계관에 따라서 해석이 나뉘게 됩니다. 예를 들면 어떤 이는 고난을 잘못에 대한 처벌로 여기지만, 어떤 이는 고난을 성숙의 기회로 여깁니다. 고난에 대한 이해가 이렇게 상반되게 나타난 이유가 무엇일까요? 주어진 사건이나 현실을 해석하는 '창문'이 다르기 때문입니다. 이 창문은 개인의 경험과 교육과 문화와 환경에 의해서 서서히 만들어지고 강화됩니다. 내가 시간과 에너지를 어디에 쓰는지, 선택의 우선순위를 무엇에 두는지, 어떤 것에서 즐거움을 찾는지를 돌아보면, 내가 어떤 세계관을 가졌는지가 파악이 됩니다.

일반적으로 세계관 형성은 다음의 몇 가지 질문들과 관련이 있습니다. 첫째, 이 세계가 어디서 왔고 어떻게 존재하게 되었는가? 이 질문에 대해서 물리학자들은 세계('우주')가 물질과 에너지의 자연적 과정과 법칙에 따라서 오랜 시간에 걸쳐서 형성되었다고 봅니다. 둘째, 인간은 어디에서 왔으며 어디로 가는가? 이 질문에 대해서 실존주의 철학자들은 인간의 기원과 종착지는 알 수 없고 열려 있다고 봅니다. 이들은 순간순간 올바른 것을 선택하면서 지혜롭게 살아가는 과정 자체가 답이라고 여깁니다. 셋째, 왜 세상은 죄악과 고통으로 가득한가? 이 질문에 대해서 실존주의 철학자들과 진화론자들은 세계가 본래 불완전하고 위험을 포함한 환경을 지녔기 때문이라고 말합니다. 넷째, 인간은 무엇을 위해서 사는가? 공자와 맹자와 아리스토텔레스 같은 사상가들은 이 질문에 대해서 인간의 삶이 목적이 사랑하고 협력하며 좋은 관계를 세우기 위함이라고 말했습니다. 다섯째, 세상과 역사의 목적은 무엇인가? 이 질문에 대해서 플라톤과 칸트 같은 철학자들은 진리와 아름다움과 선을 탐구하고 구현하는 것에 세상과 역사의 목적이 있다고 보았습니다. 이제 이 질문들을 바탕으로 서로 다른 세계관이 동일한 현실을 어떻게 비추는지를 살펴보겠습니다.

요즘 세계와 현실을 바라보는 '나의 창문'을 흐리게 만드는 것에 무엇이 있을까요?

① 누적되는 과로에서 오는 피로감

② 매스컴에서 흘러나오는 걱정스러운 뉴스들

③ 관계의 갈등에서 오는 불안감

④ 미래에 대한 막연한 두려움

2. 다양한 세계관(Diversity of Worldviews)

① 물리주의적 세계관(Physics-based Worldview)

물리학적 세계관은 물질과 에너지가 보편적인 물리 법칙에 따라 상호작용을 하면서, 그 결과로 세계가 형성되고 변화한다고 보는 관점입니다. 이 관점은 '언제 어디서나 동일한 법칙이 이 세계(우주)에 적용된다'는 전제를 가지고 있습니다. 이러한 전제를 가지고 있으면서 이 세계관은 우주의 거시 세계부터 미시 세계에 이르기까지, 다양한 현상들을 하나의 틀로 엮어서 이해하려고 합니다('환원론적 물리주의'). 이러한 관점은 관찰과 실험과 결과를 가지고 현상을 수치로 설명하고 예측하는 데 강점이 있지만, 가치나 의미와 같은 질문에 대해서는 직접 답하기 어렵다는 한계를 갖습니다.

② 기계론적 세계관(Mechanistic Worldview)

기계론적 세계관은 이 세계와 자연을 하나의 커다란 기계로 보면서, 이 세계의 현상을 설명하려는 관점입니다. 작은 부품들이 규칙대로 상호작용하면서 커다란 기계가 돌아가듯이, 이 세계도 같은 방식으로 돌아간다고 여깁니다. 이러한 접근은 문제를 쪼개서 원인을 찾아내면서 반복 가능한 설명과 예측을 하기 때문에 안전 설계, 진단, 개선에 매우 유용하다는 장점을 갖습니다. 그러나 물리학적 세계관처럼 이러한 관점은 이 세계의 의미와 가치와 목적 같은 주관적인 부분을 설명하지 못합니다. 나아가서 이 관점은 인간의 자유, 책임, 관계와 같은 맥락을 과소평가할 수 있는 위험성도 지닙니다. 이것이 이 입장의 단점입니다.

③ 범신론적 세계관(Pantheistic Worldview)

다음의 명제가 범신론적 세계관의 기본 입장입니다. "세상 만물이 곧 신이다!" 즉 범신론적 세계관은 신과 세계를 하나로 바라보는 관점입니다. 자연과 전체의 생명을 하나로 보기에 자연을 소중히 여기면서 자연과의 조화를 강조하는 태도가 이 관점의 장점입니다. 또한 모든 존재가 연결되어 있다고 보기에 고립감과 불안을 덜어주고, 일상에서 경외감과 평안을 경험하도록 하는 것도 이 관점의 장점입니다. 그러나 이 관점은 신과 세계를 구분하지 않다 보니까 '악과 고통까지도 신의 일부인가'라는 딜레마가 생겨서, 악의 문제에 답하기 어려운 딜레마를 낳습니다. 나아가서 신을 인격적 주체로 여기지 않으므로 도덕적 책임과 규범의 근거가 약해지는 위험성을 갖습니다.

④ 목적론적 세계관(Teleological Worldview)

목적론적 세계관은 세계와 인간, 그리고 인간의 역사가 단순히 우연이나 기계적 인과관계만으로 이루어지지 않는다는 입장입니다. 이 세계관은 이 세계가 어떤 목적을 향해서 전개된다고 봅니다. 사물과 제도와 인간의 행동을 설명할 때 '무엇 때문에'(원인)보다 '무엇을 위해서'(목적)를 더 중요하게 여깁니다. 예를 들면 눈은 '보게 하기 위해서', 학교는 '사람으로서의 인격과 시민성을 기르기 위해서', 법은 '공동의 선을 지키기 위해서' 존재한다고 이해합니다. 이 관점은 삶과 역사에 방향과 의미와 책임을 부여해서 상호 간에 동기를 부여하고 협력을 도모한다는 장점이 있습니다. 반면 결과에 맞춰서 목적을 끼워 맞추거나, 목적을 내세워 수단을 정당화하는 위험성도 함께 가지고 있습니다.

함께 나누어요 ❷

다음 중 각 세계관에 대한 설명으로 옳지 않은 것은 무엇인가요?

① 물리주의적 세계관은 세계의 현상을 보편적인 자연법칙에 따라 설명하려 한다.

② 기계론적 세계관은 자연을 살아 있는 유기체로 보고 감성적 해석을 강조한다.

③ 범신론적 세계관은 자연과 신을 동일시하며 모든 존재의 연결을 강조한다.

④ 목적론적 세계관은 사물과 현상에 대해서 존재 이유와 방향성을 부여하려 한다.

함께 나누어요 ❸

네 개의 세계관이 제시하는 내용 가운데서 어떤 것이 기독교 신앙과 연결될 수 있을까요?

① 창조 질서를 존중하는 물리학적 세계관의 '법칙성'

② 질서를 세우고 협력하게 하는 기계론적 세계관의 '체계성'

③ 자연을 귀하게 여기는 범신론적 세계관의 '조화성'

④ 삶과 역사의 의미를 붙잡아 주는 목적론적 세계관의 '방향성'

---

3. 기독교 세계관이 무엇인가?(Christian Worldview)

기독교 세계관은 하나님이 세상을 창조하셨다는 믿음에서 시작됩니다. 즉 기독교 세계관은 성경을 기준으로, 하나님이 만드신 세상과 인간의 큰 이야기('창조와 타락과 구속과 완성') 안에서 삶의 모든 것을 바라보고 실천하려는 생각의 틀을 가리킵니다. 이 틀은 나에게 '내가 누구인지'(정체성)와 '무엇을 위해 사는지'(삶의 목적)를 분명히 알게 해 줍니다. 또한 진리와 거짓, 선과 악, 아름다움과 추함을 분별하는 기준도 제공합니다.

나아가서 가정과 일터와 학업과 문화에 이르기까지, 삶의 모든 영역을 하나님께 드리는 예배의 자리로 바라보도록 합니다. 동시에 우리의 죄와 한계를 직면하도록 하면서, 사회를 그리스도 안에서 회개와 변화, 정의와 자비의 실천으로 이끕니다. 궁극적으로 새 하늘과 새 땅의 소망 속에서 역사를 바라보도록 하면서, 하나님 나라를 미리 살게끔 나를 이끌어 나갑니다. 기독교 세계관은 고난 속에서도 하나님의 섭리를 보도록 함으로써, 신앙인들로 하여금 절망하지 않고 다시금 앞을 향해서 나아가도록 만듭니다.

이 점에 있어서 기독교 세계관은 여타의 다른 세계관들과 명확한 차이를 가진다고 얘기할 수 있습니다. 이 세계의 근본 원인을 물질로 보는 자연주의적 세계관과 달리, 기독교 세계관은 인격적인 창조주를 전제하면서 신과 피조물을 구분합니다. 또한 도덕과 윤리를 선택의 문제로 보는 무신론적 실존주의자들과 달리, 기독교 세계관은 하나님의 말씀 안에 선과 악에 대한 객관적인 기준이 있다고 봅니다. 인간의 노력과 공로로 구원에 이른다는 인간 중심적인 구원관과 달리, 기독교 세계관은 구원은 그리스도의 십자가와 부활로 주어지는 하나님의 은혜라고 고백합니다('하나님 중심의 구원관'). 순환론적 역사관을 가진 불교와 힌두교와 달리, 기독교 세계관은 역사가 하나님의 섭리 아래 새 하늘과 새 땅을 향해 진행되어 가는 목적성을 가진다고 봅니다. 마지막으로 개인의 안녕과 심적 평안을 추구하는 '개인주의적 영성'과 달리, 기독교 세계관은 하나님께서 교회 공동체를 이웃사랑과 정의와 자비의 실천으로 세상을 섬기도록 부르셨다고 봅니다.

다음 중 기독교 세계관의 출발점으로 가장 적절한 설명은 무엇인가요?

① 인간의 이성과 관찰로 진리를 탐구하겠다는 관점

② 세계가 신의 일부라는 전제에서 출발함

③ 하나님이 세상을 창조하셨다는 믿음에서 시작함

④ 인간 내면의 평화와 자아실현을 우선시함

4. 건강한 기독교 세계관 정립이 필요한 이유
(Necessity of a Christian Worldview)

신앙인들의 내면에는 건강한 기독교 세계관이 자리해야 합니다. 그 이유로 첫째, 건강한 기독교 세계관이 마음에 자리할 때, 믿음과 일상의 선택이 연결되어서 나의 신앙과 윤리와 삶이 한 방향으로 정렬되기 때문입니다. 둘째, 진리와 가치의 기준이 분명해져서 이 세대의 유행, 상대주의, 혼합주의를 분별하면서 신앙의 정도를 걸어갈 수 있기 때문입니다. 셋째, 고난을 만나고 실패에 직면함에 있어서도 하나님의 섭리와 소망 안에서 무너지지 않는 신앙적인 견고함을 내면에 채울 수 있기 때문입니다. 마지막으로 세상을 향한 선교적 정체성이 선명해져서, 삶 가운데서 복음을 말하고 증언하는 제자로 서게 되기 때문입니다.

건강한 기독교 세계관 정립은 단순히 지식을 쌓는 것을 넘어서, 신앙인의 전 삶을 붙들어 주는 뿌리와 같습니다. 이 뿌리가 굳건할 때 우리는 어떤 상황 속에서도 하나님 나라를 바라보며 흔들림 없는 삶을 살아갈 수 있습니다.

건강한 기독교 세계관 정립의 궁극적인 열매가 무엇일까요?

① 믿음과 삶의 일치

② 진리와 가치의 분명한 기준
③ 고난 속에서도 흔들리지 않는 견고함
④ 위의 모든 것을 아우르는 신앙적 성숙

5. 건강한 기독교 세계관을 어떻게 정립하는가?(Matter of "How")

신앙인들이 어떻게 건강한 기독교 세계관을 정립할 수 있을까요? 건전한 기독교 세계관을 갖기 위해서는 하나님과의 만남 속에서 나를 지속적으로 훈련시켜 가는 것이 필요합니다. 반복되는 하나님과의 만남이 나를 만들면서 세워갑니다. 이 만남은 하나님과 나 사이에 이루어지는 인격적인 만남입니다. 하나님과의 인격적인 만남의 자리 첫 번째에 예배가 있습니다.

① 예배를 통해서(Worship)

신앙인들은 예배를 통해서 기독교 세계관을 만들어가는 사람들입니다. 예배는 하나님을 높여드리는 장으로서, 개신교 예배의 중심에 설교(선포된 하나님의 말씀, 해석된 하나님의 말씀)가 있습니다. 신앙인들은 선포된 하나님의 말씀을 듣고 그 말씀을 가슴 속에 새기면서 옳고 그름에 대한 기준을 세우고, 하나님 말씀을 기준 삼아서 현실을 해석할 수 있는 틀을 갖추어 냅니다('공적 해석의 틀'). 성령께서 설교 말씀을 듣는 나의 생각을 새롭게 하시면서, 가치 판단과 삶의 우선순위를 재정렬해 주십니다. 예배를 마친 후에는 '들은 말씀을 어떻게 삶에 적용할지를' 머릿속에 떠올리면서, 가정과 일터와 사회에서 말씀을 행동으로 연결하도록 합니다. 이러한 영적 리듬이 반복이 되면서, 신자는 개인 경건을 넘어서 세상 속에 하나님 나라를 드러내는 선교적 정체성을 갖추게 됩니다. 이처럼 신앙인들에게 예배(설교)는 세계관 형성의 중요한 도구입니다.

② 말씀 묵상을 통해서(Meditation)

신앙인들은 말씀 묵상을 통해서 기독교 세계관을 만들어가는 사람들입니다. 조용한 시간에 말씀을 묵상하는 것은 신앙인들에게 중요한 개인적인 경건의 장으로서, 하나님께서 개인적인 만남의 자리에 직접 찾아오십니다. 오셔서 그의 생각과 사고를 어루만지시고 감성을 깨우치십니다. 그렇게 신앙인들은 말씀 묵상을 통해서 세계를 바라보고 해석할 수 있는 틀을 만들어 냅니다('개인적인 해석의 틀'). 묵상하는 그 순간에 말씀이 나의 양심을 비추는 거울이 돼서, 나로 하여금 무엇이 선하고 그른지를 분별하게 합니다.

또한 하나님의 구원 이야기 틀('창조와 타락과 구속과 완성')로 뉴스를 바라보고 문화를 읽어내면서, 세상을 해석하는 시선을 제공합니다. 계속되는 말씀 묵상으로 생각과 감정이 새로워지면서, 하나님께 향한 나의 신앙고백이 일상의 삶과 하나로 이어집니다. 이처럼 신앙인들에게 말씀 묵상은 세계관 형성의 중요한 도구입니다. "주의 말씀은 내 발에 등이요 내 길에 빛이니이다"(시 119:105).

③ 성경 공부를 통해서(Bible Study)

신앙인들에게 성경 공부도 기독교 세계관 형성에 큰 도움이 됩니다. 성경 공부는 말씀을 체계적으로 배우면서 적용하고 점검하도록 함으로써, 신자로 하여금 신앙과 가치와 삶을 성경의 큰 틀 안에서 현실을 분별하고 실천하도록 합니다. 본문의 배경과 문맥, 신학적 핵심을 함께 살피면서 오해를 줄이고 바른 해석을 돕습니다. 질문과 토론을 통해서 다양한 관점이 다듬어지고, 공동체적인 분별력까지 자랍니다. 나눔과 피드백의 선순환을 통해서 순종으로 이어지는 신앙 습관이 만들어집니다.

나아가서 현대의 다양한 이슈들('과학'과 '문화'와 '정치'와 '경제' 등)을 성경적 관점에서 비판적으로 성찰하도록 이끌면서 성경적 세계관을 일상에 구체적으로 연결시켜 줍니다. 궁극적으로 성경 공부는 지식을 넘어서 삶을 변화시키는 훈련장이 되어서, 일상에서 하나님 나라를 드러나게 하는 원동력이 됩니다. 이처럼 신앙인들에게 성경 공부는 세계관 형성의 중요한 도구입니다. "16 모든 성경은 하나님의 감동으로 된 것으로 교훈과 책망과 바르게 함과 의로 교육하기에 유익하니 17 이는 하나님의 사람으로 온전하게 하며 모든 선한 일을 행할 능력을 갖추게 하려 함이라"(딤후 3:16-17).

④ 기도를 통해서(Prayer)

신앙인들에게 기도도 기독교 세계관 형성에 있어서 빠질 수 없는 통로입니다. 기도 가운데 하나님과 인격적으로 교통할 때 마음과 의지가 '나 중심'에서 '하나님 중심'으로 재정렬됩니다. 성령의 조명 속에 접했던 말씀을 되새김으로써 현실을 분별하는 틀이 견고해집니다. 기도 중의 회개와 감사의 반복도 신앙인들로 하여금 거룩을 향해 나아가게끔 돕는 좋은 기제가 됩니다. "자기의 죄를 숨기는 자는 형통하지 못하나 죄를 자복하고 버리는 자는 불쌍히 여김을 받으리라"(잠 28:13). 나아가서 중보기도는 신앙인의 시야를 개인을 넘어서 공동체와 이웃과 공공선으로 확장시킵니다. 이처럼 기도는 신앙인의 세계관을 하나님 중심으로 재정렬하고, 말씀의 분별과 거룩의 습관과 이웃사랑의 시야를 확장하는 핵심 도구입니다.

⑤ 섬김과 봉사를 통해서(Service and Ministry)

마지막으로 섬김과 봉사도 신앙인들이 기독교 세계관을 형성하는 데 있어서 중요한 채널입니다. 머리로 아는 믿음에서 나아가서 손과 발의 실천으로까지 나아감으로써 전인적인 믿음의 소유자가 됩니다. 타인의 필요를 온몸으로 마주하고 충족시키면서, 하나님 나라의 정의와 자비의 실천이 일상화됩니다. 이런 점에서 볼 때 섬김은 나 중심의 욕망을 벗어버리고, 예수님이 보여주신 겸손과 청지기 정신을 몸에 익히도록 하는 아름다운 가치입니다. 이 아름다운 실천이 반복될수록 신자의 내면에 기독교 가치관이 굳어져서, 공동체 안팎에서 복음의 신뢰성이 높아집니다. 이처럼 신앙인들에게 섬김과 봉사는 건전한 기독교 세계관 형성의 중요한 도구입니다. "인자가 온 것은 섬김을 받으려 함이 아니라 도리어 섬기려 하고 자기 목숨을 많은 사람의 대속물로 주려 함이니라"(막 10:45).

기독교 세계관을 세우는 데 있어서 나에게 큰 영향을 주는 통로가 무엇인가
요?

    ① 예배 - 말씀 선포와 성령의 역사

    ② 말씀 묵상 - 조용한 만남과 내적 성찰

    ③ 성경 공부 - 체계적으로 배우고 토론하는 장

    ④ 기도 - 마음과 의지의 재정렬

    ⑤ 섬김과 봉사 - 삶 속에서의 실천과 체험

하나님이 창조주이심을 인정하는 믿음이 나의 자존감과 타인을 바라보는
시선에 어떤 영향을 주는지를 돌아보시기 바랍니다.

지금까지 "건강한 기독교 세계관 정립하기"라는 주제로 성경 공부를 하였습니다. 성경 공부를 통해서 깨달은 점이나 마음에 남은 은혜나 새롭게 얻은 통찰을 간단하게 적어 보시기 바랍니다. 이 기록이 앞으로 하나님과 함께 걸어갈 믿음의 여정을 새롭게 준비하는 소중한 흔적이 될 것입니다.

예시

성경 공부를 통해서 세상을 바라보는 건강한 안목을 갖는 것이 신앙인들에게 얼마나 중요한지를 알게 되었습니다. 삶의 모든 영역에서 하나님을 인정하고 해석하는 틀이 기독교 세계관이라는 가르침이 마음에 와닿았습니다. 예배와 말씀 묵상, 기도의 섬김을 통해서 나의 사고방식과 삶의 태도가 서서히 변화되어야 한다는 자각을 얻게 된 점도 의미 있는 깨달음이었습니다. 앞으로도 주어진 삶을 살아감에 있어서 하나님 중심의 관점을 가지고 살아가기를 소망합니다.

1부

진리의 시선으로
세상 바라보기

2과. 신앙인가? 과학인가?

2과. 신앙인가? 과학인가?

학습 포인트

1. 신앙과 과학의 관계를 다양한 관점에서 살펴본다.
2. 신앙과 과학이 공명할 수 있음을 알게 한다.
3. 신앙인들이 하나님의 선한 창조를 존중해야 함을 알게 한다.
4. 창조 신앙이 일상의 실천으로 이어져야 함을 깨닫도록 한다.

현대인들은 과학이 주는 온갖 혜택을 누리면서 살아가고 있습니다. 하루하루 급속도로 발전하는 과학기술 덕분에 그 어느 때보다도 빠르고 편리한 시대를 살아갑니다. 아침에 눈을 떠서 밤에 잠자리에 들 때까지 우리의 오감이 과학이 주는 편리함을 만끽하고 있습니다. 앞으로 과학의 발전이 인간에게 더 많은 영향을 끼칠 것이라는 생각을 하게 됩니다. 과학의 발전을 고맙게 여기고 긍정적으로 평가하면서, 한편으로 과학 발전의 이익과 혜택이 우리 인간에게 전부가 될 수 있는지를 생각해 봅니다. 단도직입적으로 말하면, 과학 발전이 주는 이익과 혜택이 우리 인간에게 전부가 될 수 없습니다. 이유는 발전된 과학만을 가지고는 우리의 삶 속에 진정한 인간다움을 담아낼 수 없기 때문입니다. '인간다움을 담아내는 삶!' 여기에는 과학과 더불어 신앙도 필수적으로 요청됩니다. 우리 인간은 과학과 신앙을 모두 필요로 하는 존재입니다. 인간은 믿음으로 과학을 발전시키고, 과학 안에서 하나님의 섭리와 목적을 발견하고 하나님께 향한 믿음을 가꿔가면서 '나다움과 우리다움을 만들어가는 존재'입니다. "하늘이 하나님의 영광을 선포하고 궁창이 그의 손으로 하신 일을 나타내는도다"(시 19:1).

[함께 생각하기]

맑은 밤하늘을 올려다보면, 별의 숫자보다 먼저 경이로움이 나의 마음을 채웁니다. 그 경이로움이 배움의 문을 열어 주어서 내 안에 '어떻게'와 '누가'를 묻는 마음을 일깨웁니다. 과학이 '어떻게'를 가르쳐주는 것을 보면서, 나는 하나님의 손길의 세밀함을 배웁니다. 성경이 '누가'와 '왜'를 가르쳐 주는 것을 보면서, 내가 하나님께 사랑받는 존재로 부름받았음을 기억합니다. 그렇게 지식을 삶으로 이으면서, 일상 속에서 창조주 하나님을 떠올립니다. 작은 씨앗의 틔움, 새 한 마리의 날갯짓, 파도 한 줄기에서도 이 세상을 붙잡고 계시면서 돌보시는 하나님의 손길을 봅니다. 과학 지식은 벽이 아니라 창문이 되어서, 나에게 더 넓은 하늘을 활짝 열어 줍니다. 참된 배움은 하나님 사랑과 이웃 사랑으로 흘러갈 때 가장 아름답다는 것을 알게 됩니다. 오늘도 나는 창조주 하나님을 기억하면서, 맡겨진 자리에서 생명을 아끼는 선택을 하겠습니다.

1. 신앙과 과학의 관계에 대한 네 가지 모델(Four Models)

근래에 과학이 눈부시게 발전하는 것을 보면서 하나님이 없다고 주장하는 사람들이 있습니다. "이 세계를 알아감에 있어서 하나님은 필요치 않다. 우리 인간의 힘만으로도 이 세계를 충분히 알아갈 수 있다. 인간이 이뤄내는 과학의 성취만으로도 충분하다!" 이러한 주장은 현대의 과학주의자들이 만들어 내는 무신론적인 경향입니다. 그런데 한편으로 과학의 발전 앞에서 하나님께 시선을 두는 이들도 적지 않게 생겨나고 있습니다. 하나님께 시선을 두는 이들은 과학과 신앙의 관계를 어떻게 이해해야 하는지를 여러 방식으로 모색합니다. 어떤 이는 두 영역이 '각자 따로'라고 보고, 어떤 이는 '서로 충돌한다'고 보며, 또 다른 이들은 두 영역의 '대화와 공명의 가능성'을 말합니다. 일반적으로 신앙과 과학의 문제에 있어서 학자들은 다음의 몇 가지 모델을 제시합니다.

① 분리 모델(Separation Model)

분리 모델은 신앙과 과학은 다루는 주제와 방법이 다르기에 그 영역이 각가 별개라는 입장을 갖습니다. 신앙은 하나님과 삶의 의미와 가치를 다루고, 과학은 자연이 어떻게 작동하는지를 관찰하고 실험합니다. 분리 모델에 속한 이들은 신앙과 과학이 다루는 문제가 서로 다르기에 각자의 영역을 독립적으로 보아야 한다고 얘기합니다. 이 모델은 성경 구절을 가지고 자연법칙을 증명하려고 하지 않습니다. 반대로 과학 실험의 결과를 가지고 하나님의 뜻을 재단하려고 하지도 않습니다. 분리 모델은 신앙과 과학을 각각 별개로 보면서, 두 영역이 각자의 자리에서 독립적인 지위를 가짐을 강조합니다.

② 갈등 모델(Conflict Model)

이 모델은 신앙과 과학 두 영역이 서로 모순된다고 보면서, 둘 중에서 한쪽에만 손을 들어줍니다. 예를 들면 과학은 신앙을 신화나 잘못된 미신으로 여기거나, 신앙은 과학을 온전히 신뢰할 수 없다고 여기는 식입니다. 한쪽이 서면 다른 쪽은 무너져야 한다는 극단적 결론에 이르기도 합니다. 실제로 역사 속에서 갈릴레오 논쟁이나 진화론 논쟁이 이런 사고방식의 대표적인 예가 됩니다. 이 모델은 신앙인들과 과학자들 사이에서 '맞다, 틀리다'의 논쟁으로 확장될 여지를 갖습니다. 이 입장은 둘 중에서 '하나만을 택해야 한다'는 압박을 만들어서, 신앙과 과학 사이에 오해와 불신을 키우기 쉽습니다.

③ 대화 모델(Dialogue Model)

이 모델은 신앙과 과학 두 영역 각자의 장점을 인정하면서, 문제가 생겼을 때 언제든지 두 입장이 대화를 나눔으로써 해결책을 찾아야 한다고 봅니다. 이 모델은 신앙과 과학이 적대 관계가 아니라, 서로의 한계를 메워 주는 동반자 관계가 될 수 있다고 강조합니다. 신앙은 '왜'라는 질문에, 과학은 '어떻게'라는 질문에 답하면서 함께 더 넓은 진리에 다가간다고 여깁니다. 이 모델은 과학이 제공하는 새로운 사실들이 신앙적인 성찰에 도움을 주는가 하면, 신앙이 과학연구의 윤리와 목적에 길잡이가 될 수 있다고 얘기합니다. 이 모델에 속한 자들은 생명 윤리, 환경 보호, 기술 사용 같은 문제에서, 상호 협력하면서 공익을 위해서 더 좋은 길을 함께 찾겠다는 입장을 가지고 있습니다.

④ 통합 모델(Integration Model)

통합 모델은 더 큰 가치체계와 틀 안에서 신앙과 과학을 함께 이해하려는 입장입니다. 이 세계와 자연을 하나님이 지으신 것으로 보면서, 과학을 자연의 질서를 읽는 도구로 이해합니다. 그리고 신앙은 그 질서의 의미와 목적을 비춰 준다고 봅니다. 이 모델은 세계라는 실재를 알아감에 있어서 '신앙의 이야기와 과학의 이야기가 상호 공명해야 한다'고 얘기합니다. 이 모델은 '창조 신앙'과 '자연의 역사에 대한 과학적 설명'을 함께 하나님께서 지으신 세계라는 '큰 이야기' 속에 나란히 놓습니다. 그렇게 서로를 보완하면서 더 온전한 이해를 이루어 나가겠다는 태도를 갖습니다.

> **함께 나누어요 ❶**
>
> **"우주가 매우 광대하고 넓은데, 하나님이 먼지처럼 작은 나를 기억하실까요?" 이런 생각을 가진 성도에게 교회가 해 줄 수 있는 말이 무엇인가요?**
> ① 과학은 '사실'을 다루고 신앙은 '가치'를 다루니, 둘을 섞지 말라고 힘줘서 얘기한다.
> ② 우주가 무한히 크다는 과학 얘기는 신앙을 약하게 만드니, 무시하라고 다그친다.
> ③ 과학책은 덮고 앞으로는 성경만 읽으면서 믿음을 키우라고 넌지시 권면한다.
> ④ 천문학이 말하는 우주의 규모를 배우되, '우주보다 더 크신 하나님께서 나를 기억하시고 사랑하신다'는 사실을 기억하라고 권면한다.

2. 신앙과 과학의 공명(Resonance)

하나님은 전능하신 분으로서, 오랜 시간과 공간의 과정 속에서 당신의 뜻을 이루어 가시는 분이십니다. 하나님은 방법에 제한받지 않으시기에, 시공간의 긴 과정 또한 그분의 주권과 섭리 아래 있습니다. 그러므로 우리는 하나님께서 펼치신 시공간의 질서를 탐구하는 과학을 하나님의 손길을 더 선명히 읽어가는 동반자로 볼 수 있습니다. 과학은 '어떻게'를 비추어 주고 신앙은 '누가'와 '왜'를 밝혀 줍니다. 따라서 두 영역이 맞물릴 때 전체 그림이 더욱 또렷해집니다. 신앙과 과학은 서로를 흐리게 하는 거울이 아니라, 같은 현실을 다른 초점에서 보여주는 두 렌즈입니다.

과학자들이 우주와 자연과 인간을 연구하고 탐구하는 것은 하나님이 지으신 세계를 더 잘 이해하려는 태도입니다. 중요한 것은 다채로운 탐구의 길에서, 인간이 다 알지 못하는 부분이 있음을 겸허하게 인정하는 태도를 갖는 것입니다. 이 태도를 가진 이는 새롭게 밝혀진 과학적인 사실 앞에서 '새로운 것을 발견했으니, 이것으로 충분하다!' 이러한 마인드를 갖지 않습니다. '새로운 것을 발견해서 기쁘지만, 여전히 알아가는 중이다! 계속해서 하나님께서 만드신 이 세계를 알아가야 한다!' 이런 마인드를 갖습니다. 우리에게 필요한 것은 과학의 발견을 존중하고 하나님께 향한 믿음을 굳게 붙잡으면서 우주(세계)라는 거대 실재를 겸손하게 배워가려는 마음가짐입니다.

과학과 신앙에서 다음 중 균형 잡힌 진술은 어떤 것인가요?
　① "과학은 무조건 배척해야 한다!"
　② "예배 시간에 과학 얘기를 금지해야 한다!"
　③ "자연을 관찰하면서 나의 신앙이 깊어질 수 있다!"
　④ "창조 신앙을 붙잡고 과학의 설명을 들으면서 위대하신 하나님을
　　찬양하자!"

3. 하나님의 선한 창조(Good Creation)

성경은 하나님이 세상 만물의 근원이시며, 인간을 포함해서 모든 것을 만드신 창조주라고 가르칩니다(창조론). "태초에 하나님이 천지를 창조하시니

라"(창 1:1). "하나님이 자기 형상 곧 하나님의 형상대로 사람을 창조하시되 남자와 여자를 창조하시고"(창 1:27). 창조는 우연이 아니라 하나님의 뜻과 목적 안에서 이루어졌습니다. 성경은 천지가 만들어지는 과정마다 하나님께서 '보시기에 좋았음'을 선언합니다(창세기 1장). 즉 창조는 하나님 보시기에 '좋은 창조'이고 '선한 창조'입니다. '선한 창조'란 하나님께서 생명체들이 서로 도우면서 자라고 성장하도록 세상을 질서 있게 마련하셨음을 뜻합니다. 하나님은 피조물들이 각자 따로가 아니라, 서로 기대고 도우며 살도록 만드셨습니다. 벌과 꽃이 서로를 살리듯, 숲의 나무와 땅속의 작은 생물, 바다의 작은 생물과 큰 물고기까지, 모든 피조물들은 상호 연결된 상호작용과 관계 속에서 생명이 유지됩니다. 이러한 피조물들의 상호협력은 하나님 나라의 성품인 '관계'와 '존중'이라는 가치와 맥을 같이 합니다.

다음 중 '하나님의 선한 창조'를 대하는 바람직한 태도에 가까운 것은 무엇인가요?
① 편한 대로 쓰고 버린다.
② 자연과 이웃의 안녕을 함께 생각해서 작은 불편을 기꺼이 감수한다.
③ 내 집과 내 교회만 깨끗하면 된다.
④ 환경은 전문가의 몫이다. 나는 몰라도 된다.

4. 과학이 말하는 시작, 성경이 말하는 태초(Beginning and Origin)

최근 들어서 신학자들과 기독교 과학자들 사이에서 과학이 설명하는 우주의 '시작'과 성경이 말하는 '태초' 사이의 접점을 모색하려는 진지한 시도들이 계속되고 있습니다. 이들은 과학과 신앙을 서로 대립시키지 않고, 각각이 다루는 질문의 차이를 이해함으로써 우주의 기원에 대해서 보다 넓은 이해에 도달하려고 합니다.

과학은 '우주가 어떻게 시작되었는가? 언제부터인가? 어떤 과정으로 지금에 이르렀는가?' 이런 질문을 던집니다. 대표적인 이론인 빅뱅 우주론(Big Bang Theory)은 우주가 처음에 매우 뜨겁고 밀도 높은 한 점에서 시작되었다가, 시간이 지나면서 공간 자체가 팽창하며 점차 식어왔다는 과정을 설명합니다. 빅뱅은 단순히 '어디선가 폭발이 일어났다'는 식의 소박한 개념이 아닙니다. 빅뱅은 우주의 시작과 구조, 시간과 에너지의 기원을 포괄하는 복합적인 이론입니다.

반면 기독교 신앙은 "누가 이 세상을 시작하게 했는가? 왜 이 세상을 존재하게 하셨는가?" 이런 질문을 던집니다. 이 질문에 대해서 기독교는 하나님께서 아무것도 없는 무(無)에서 세상을 창조하셨다는 '무로부터의 창조'(ex nihilo)를 가지고 답변합니다. 이 고백은 단순히 '어떻게'에 대한 과학적 설명이 아니라, 하나님의 의지와 목적, 그리고 모든 존재가 하나님께 의존한다는 신학적인 선언입니다.

흥미롭게도 빅뱅 이론과 기독교 창조론 모두 "우주가 어떤 '시점'에 시작되었으며, 이전에는 아무것도 없었다"는 점에서 공명합니다. 일부 신학자들은 과학이 말하는 '우주의 태초'와 성경이 말하는 '태초에 하나님이 천지를 창조하셨다'(창 1:1)는 선언이 서로 무관하지 않다고 봅니다. 즉 하나님이 시작하신 창조의 사건이 과학의 언어인 빅뱅으로 설명될 수 있다는 관점을 갖습니다.

이처럼 과학과 신앙의 질문은 각각 다르지만, 서로 충돌하지 않습니다. 과학은 '어떻게 시작되었는가'를 설명합니다. 반면에 신앙은 '누가 시작하셨고 왜 시작하셨는가'를 고백하도록 합니다. 둘의 질문이 다르기에, 신앙은 과학의 탐구 속에서도 더 깊어질 수 있습니다. 과학이 발견한 경이로움 속에서 창조주 하나님의 지혜와 능력을 새롭게 발견할 수 있습니다. '과학이 말하는 시작'과 '성경이 말하는 태초'를 함께 바라볼 때, 우리는 우주를 보다 넓고 깊게 이해하게 됩니다. 그 모든 위대한 질서와 아름다움 앞에서 하나님을 향한 경외와 감사로 서게 됩니다.

다음 중 창조와 빅뱅에 대한 설명으로 바람직한 것은 무엇인가요?

① "빅뱅은 무신론이니 배척해야 한다!"

② "창조를 믿으면 과학은 무조건 버려야 한다!"

③ "둘 다 어려우니, 그냥 넘어가자!"

④ "우주의 이야기를 과학으로 배우면서, 창조 신앙의 관점에서 우주의
　의미와 목적을 발견하자!"

5. 하나님의 계속적 창조(Ongoing Creation)

'하나님의 계속적 창조'(creatio continua)는 하나님께서 태초에 세계를 만드신 후에, 지금도 매 순간 세계와 생명을 붙들면서 새롭게 하신다는 믿음입니다. 하나님은 계절이 돌아오고 생명이 자라며 관계가 회복되는 자연의 과정 속에서 일하십니다. 해가 뜨고 계절이 순환되는 규칙성 자체가 하나님의 신실하심을 보여주는 증거입니다. 성경은 하나님께서 "그의 능력의 말씀으로 만물을 붙드신다"(히 1:3)고 선언합니다. 또한 "만물이 하나님 안에서 함께 서 있다"(골 1:17)고 선언하기도 합니다. 이러한 선언은 모든 자연 질서와 생명이 하나님께 의존함을 가르쳐주는 진술입니다. 이 진술은 이 세계 안에 늘 자연법칙을 거스르는 기적만 가득하다는 의미가 아니라, 하나님께서 질서와 과정들을 이용해서 이 세상을 이끌어가신다는 고백입니다.

하나님은 지금도 우주와 세계를 붙들고 돌보시며 이끌어가시는 분입니다. 세상은 우연히 굴러가는 것이 아니라 하나님의 선한 손길 안에서 움직여 나갑니다. 기독교 신학은 하나님께서 세계 전체를 돌보시면서 이 세계를 가장 좋은 길로 인도하신다고 가르칩니다.

창조 신앙을 가지고 있는 우리 신앙인들은 하나님이 모든 것의 근원임을 고백하는 사람들입니다('정체성'). 신앙인들은 나의 정체성을 건강하게 펼쳐

가야 합니다('보편성'). 정체성은 건강하게 펼쳐질 때 의미가 있기 때문입니다. 신자들이 보편성을 건강하게 추구하는 방식 가운데 하나가 '과학에 대한 존중'입니다. 우리 신앙인들은 과학을 통해서 하나님이 만드신 세계가 어떤 방식으로 움직여 왔는지 배울 수 있습니다. 이 배움은 우리의 믿음을 위협하지 않고, 도움을 주면서 확장시킵니다.

앞에서 말씀드렸듯이 과학은 "생명이 처음에 어떻게 생겨났는가? 삶의 목적이 무엇인가?" 이런 질문들에는 답을 주지 못합니다. 또한 과학은 관찰하고 측정하며 실험하면서 확인할 수 있는 것만 연구하기 때문에, 하나님과 인간의 목적과 선과 악 같은 문제들에 대해서도 답을 줄 수도 없습니다. 이런 문제들에 답을 줄 수 있는 것은 성경과 신학입니다. 결론적으로 다음과 같이 얘기할 수 있습니다. "과학은 나의 믿음을 깊게 만드는 도구이다. 과학은 하나님이 주신 질서의 아름다움과 정밀함을 드러내고, 성경은 그 질서의 주인이 누구이며 왜 우리를 부르시는지를 밝혀 준다. 두 목소리를 들으면서 우리는 겸손하게 창조주 하나님을 경외하면서, 맡겨진 자리에서 생명을 돌보는 삶을 살아가야 한다."

함께 나누어요 ❺

아침에 일어나서 하루를 시작할 때 하나님의 계속적 창조에 맞는 올바른 습관은 무엇인가요?
① 그냥 정신없이 급하게 집에서 나간다.
② 오늘 직장에서 기적이 일어나기를 기대한다.
③ 짧게 감사 기도를 하고, 맡겨진 일의 계획을 세운다.
④ 오늘 운세부터 확인하고 마음에 새기면서 집을 나선다.

6. 창조 신앙을 가진 신앙인들의 삶(Life of Believers)

창조 신앙은 '이 세계는 하나님의 걸작품'이라는 고백을 낳습니다. 신앙인들은 이 고백을 가슴에 품으면서, 하나님의 작품인 피조 세계를 맡아서 돌보는 '청지기'로 부름을 받은 사람들입니다. 청지기는 자연을 파괴의 대상으로 여기지 않고, 존중과 돌봄의 대상으로 여깁니다. 또한 청지기는 피조 세계에 대한 지식이 필요함을 잘 아는 사람입니다. 그렇기에 과학이 제시하는 '자원 고갈'과 '환경오염' 같은 과학적 사실을 배우려고 노력합니다. 과학적 사실들을 인정하고 존중하면서, 다양한 생명체들이 함께 살 수 있도록 숲과 강과 바다를 해치는 일을 멈추고, 자연을 회복하는 일에 동참합니다. 교회와 가정과 지역에서 자연을 존중할 수 있는 '작은 실천'을 구체적으로 모색합니다.

이러한 청지기적 삶의 태도는 '이 시대의 트렌드에 순응하는 것'을 넘어, 하나님께서 지으신 이 세계와 자연에 대한 존중의 태도입니다. '피조 세계 존중!' 이것이 이 시대에 우리 신앙인들을 향한 하나님의 소명입니다.

함께 나누어요 ❻

다음 중 신앙인들의 창조 신앙 선언으로 바람직한 것은 무엇인가요?

① "신앙인들에게 환경 문제는 선택 사항일 뿐이다!"

② "믿음만 있으면 된다. 과학 지식은 필요 없다!"

③ "하나님의 걸작품인 이 세계를 과학의 도움을 받아서 배우자!"

④ "창조주께 감사하며, 청지기로서 오늘부터 창조 세계를 지키고 회복하자!"

함께 나누어요 ❼

신앙과 과학을 분리해서 생각하거나 신앙이 과학보다 덜 '합리적'이라고 생각했던 적이 있습니까? 성경 공부 후에 이 문제에 대해서 나의 생각이 어떻게 바뀌었는지를 돌아보시기 바랍니다.

지금까지 "신앙인가? 과학인가?"라는 주제로 성경 공부를 하였습니다. 성경 공부를 통해서 깨달은 점이나 마음에 남은 은혜나 새롭게 얻은 통찰을 간단하게 적어 보시기 바랍니다. 이 기록이 앞으로 하나님과 함께 걸어갈 믿음의 여정을 새롭게 준비하는 소중한 흔적이 될 것입니다.

예시

성경 공부를 통해서 신앙과 과학이 서로 대립하는 것이 아니라, 함께 조화를 이룰 수 있다는 사실을 새롭게 배웠습니다. 과학을 통해서 하나님의 섬세한 창조 질서를 더 깊이 배우고, 그 안에서 하나님의 위대하심을 경외하게 된다는 가르침이 마음에 와닿습니다. 그리고 피조 세계를 청지기의 마음으로 돌보아야 한다는 책임감을 갖게 되었습니다. 앞으로도 믿음과 배움을 삶으로 연결하면서, 창조주 하나님을 기억하는 일상을 살아가고 싶습니다.

성경 공부를 통해서 얻은 통찰 메모하기

1부

진리의 시선으로
세상 바라보기

3과. 다른 종교에 구원이 있는가?

1. 다른 종교는 구원을 어떻게 이해하는가?
  ① 불교의 구원 이해
  ② 힌두교의 구원 이해
  ③ 이슬람교의 구원 이해
  ④ 유대교의 구원 이해
  ⑤ 유교의 구원 이해
2. 기독교는 구원을 어떻게 이해하는가?
3. 예수 그리스도의 유일성
4. 다른 종교를 대하는 기독교의 다양한 입장들
  ① 배타주의
  ② 포괄주의
  ③ 다원주의
  ④ 복음주의
5. 혼합주의에 대한 경계
6. 하나님의 구원 경륜
7. 내가 하나님을 선택하고 믿는 것인가?

3과. 다른 종교에 구원이 있는가?

학습 포인트

1. 각 종교가 말하는 구원 개념을 올바르게 이해하도록 한다.
2. 기독교 구원의 은혜성과 관계성을 올바르게 깨닫게 한다.
3. 예수 그리스도의 유일성이 구원의 핵심 진리임을 확신케 한다.
4. 혼합주의를 경계하며 복음을 증언하는 삶을 살아갈 것을 결단하도록 한다.

다른 종교에도 구원이 있는가? 이 질문은 이 시대에 사람들이 가장 많이 던지는 질문 가운데 하나입니다. 이 시대의 신앙인들은 교회에서는 '예수 그리스도만이 구원의 길이 되신다'는 가르침을 듣고, 세상에서는 '모든 종교는 결국 같다'는 가르침을 듣습니다. 그러다 보니 두 목소리 사이에서 갈피를 못 잡는 이들이 많습니다. 특히 신앙을 가진 청소년들과 청년들은 여러 종교를 가진 친구들과의 만남 속에서 '그들의 선한 마음과 진심을 하나님께서 어떻게 보실까'를 물으면서 혼란을 겪기도 합니다. 그 과정에서 신앙의 중심을 잃고 혼란에 빠지기도 합니다. 문을 닫아걸 듯이 다른 종교를 배타적으로 대하거나, 나의 믿음의 고백을 흐릴 만큼 모든 종교가 같다고 말하거나… 한쪽은 마음을 굳게 만들어서 이웃을 잃게 만들고, 다른 한쪽은 신앙의 정체성을 잃어버리도록 만듭니다. 오늘의 공부는 이 문제에 대해서 중심을 잡으면서 바른 길을 찾는 데에 목적이 있습니다. 먼저 각 종교가 '구원'을 무엇이라 말하는지를 듣고, 나아가서 성경이 말하는 은혜의 구원과 예수 그리스도의 유일성을 분명히 기억하도록 하겠습니다. 우리는 다른 이들의 '목소리'는 듣되 '혼합'은 경계해야 합니다. 이런 원칙을 지키면서 서둘러서 결론을 내지 않고, 겸손히 배우며, 말과 삶으로 복음을 증언하는 길을 찾아가도록 하겠습니다. "예수께서 이르시되 내가 곧 길이요 진리요 생명이니 나로 말미암지 않고는 아버지께로 올 자가 없느니라"(요 14:6).

"

[함께 생각하기]

　어느 밤 문득 '다른 종교에도 구원이 있을까'라는 질문이 생겼습니다. 그리고 질문 너머로 이웃의 얼굴과 삶이 떠올랐습니다. 우리는 사람을 잊지 않아야 합니다. 우리의 심장 한가운데에 '예수 그리스도의 은혜'를 품은 채로 다른 종교를 가진 사람들을 바라보아야 합니다. 타 종교에 대한 존중과 혼합의 경계가 가느다란 실 같지만, 사랑과 진리로 길을 찾다 보면 분명한 길이 보이리라 생각합니다. 하나님의 구원 경륜은 별자리처럼 넓고 깊어서, 우리를 자기중심의 좁은 판단에서 벗어나도록 인도하십니다. 누군가의 영혼 앞에 문을 닫지 않되, 우리의 고백은 흐리지 않도록 합니다. 오늘의 공부가 논쟁의 칼이 아니라, 이해와 소망을 잇는 작은 다리가 되길 바랍니다. 긴 숨을 고르고 걸어가면서, 사랑으로 들으면서, 겸손하게 배우면서, 복음으로 이웃을 섬기는 길을 찾도록 하겠습니다.

1. 다른 종교는 구원을 어떻게 이해하는가?(View of Salvation)

① 불교의 구원 이해(Buddhist View)

　불교는 구원을 '해탈'('열반')로 이해합니다. 집착과 무지를 버림으로써 고통의 뿌리를 끊는 깨달음을 목표로 합니다. 이 목표에 이르기 위해서 '팔정도'('바른 이해'와 '생각'과 '말'과 '행동'과 '생활'과 '노력'과 '마음가짐'과 '정정') 같은 수행으로 마음을 닦는 길을 제시합니다. 불교는 팔정도를 수행함으로써 '윤회'(다시 태어남)의 고리를 끊고 평온과 자유의 상태에 이르는 것을 구원으로 봅니다. 불교 구원의 핵심은 각 사람이 수행과 깨달음으로 해탈에 이르는 데에 있습니다.

② 힌두교의 구원 이해(Hindu View)

　힌두교는 구원을 윤회의 고리에서 벗어남('목샤')으로 이해합니다. 구원에 이르는 길로 '박티 요가'(Bhakti Yoga, 신을 사랑하고 의지하는 길), '카르마

요가'(Karma Yoga, 집착 없이 바르게 행하는 길), '지냐나 요가'(Jnana Yoga, 참된 지식을 깨닫는 길), '라자 요가'(Raja Yoga, 명상과 수련의 길) 등을 제시합니다. 이 중에서 '박티 요가' 전통은 기독교처럼 신의 은혜와 사랑을 말하기도 하지만, 기독교와 달리 대개 힌두교는 구원에 이르는 길이 매우 다양하다고 봅니다.

③ 이슬람교의 구원 이해(Islamic View)

이슬람교는 알라의 자비와 알라에 대한 믿음과 회개와 선행으로 구원을 받는다고 가르칩니다. 무슬림들은 구원받기 위해서 '다섯 기둥'을 실천합니다. 신앙고백과 하루 다섯 번 기도하는 것과 가난한 이웃을 돕는 것과 라마단 금식과 메카 순례가 그것입니다. 구원은 궁극적으로 알라의 자비에 달려 있고, 신자는 공정하게 살고 약자를 돕고 해를 피하며 선을 행하는 삶으로 그 믿음을 드러내야 한다고 봅니다. 무슬림에게 구원이란 알라 앞에서 믿음과 행위로 응답하며 그의 자비에 의지하는 삶의 결실로 여겨집니다.

④ 유대교의 구원 이해(Jewish View)

유대교는 구원을 '하나님과 맺은 언약을 지키고, 회개하며, 토라의 가르침을 따라 사는 삶'을 통해 이루어진다고 봅니다. 하나님과의 언약에 충실하다는 것은 정의와 자비와 공정함을 삶에서 실천하는 것을 뜻합니다. 회개는 잘못에서 돌이켜서 하나님께로 돌아오는 것으로써, 하나님은 회개한 자를 자비로 용서하신다고 믿습니다. 토라의 삶은 계명인 미츠바(מִצְוָה)를 일상에서 지키는 삶('안식일 지키기'와 '기도'와 '자선'과 '정직한 거래' 등)으로 드러납니다. 유대교의 구원은 개인을 넘어서 이스라엘 공동체와 세상의 회복까지를 함께 바라보는 넓은 개념으로 이해됩니다.

⑤ 유교의 구원 이해(Confucian View)

유교는 '구원'보다는, 도덕 수양과 가정과 사회 질서의 조화를 목표로 삼습니다. 즉 사람이 배우고 스스로를 다듬어서 군자가 되는 것을 목표로 합니다. 이 과정에서 하늘(天)의 도리를 따르고 예(禮)를 실천하는 것을 인간됨의 완성으로 여깁니다. 가정에서는 효와 화목을 통해서, 사회에서는 약속 지키기와 공정함을 통해서, '수신·제가·치국·평천하의 흐름'을 추구합니다. 유교의 관심은 주로 이 땅에서 바른 인격으로 살아가는 삶과 조화로운 공동체에 있으며, 내세의 구원에 관심을 두지 않습니다.

다음 중 바른 설명은 무엇인가요?
① 불교는 인격적인 하나님께 용서를 받아서 천국에 간다고 가르치는 종교이다.
② 유교도 불교처럼 윤회를 끊는 해탈을 강조한다.
③ 불교는 주로 깨달음(열반과 해탈)을 중시하고, 유교는 현세의 도덕과 질서를 중시한다.
④ 모든 종교가 금식과 순례를 구원의 핵심으로 본다.

2. 기독교는 구원을 어떻게 이해하는가?(Christian View of Salvation)

성경은 구원이 하나님의 은혜로 인간에게 주어진다고 선언합니다. 즉 구원은 인간이 스스로 얻어 내는 성취가 아니라 하나님이 주시는 선물입니다. 이러한 선언에는 인간은 죄로 인해서 하나님과 관계가 끊어졌고, 스스로 그 틈을 메울 능력이 없다는 성경의 진단이 전제가 됩니다. 기독교는 구원을 하나님의 은혜로 인간의 믿음을 통해서 받는 것이라고 설명합니다. 선행이나 공로는 구원의 원인이 아니라 구원의 열매로 여겨집니다.

복음주의 신학은 구원을 '하나님과의 관계'로 이해합니다. 구원은 그리스도 안에서 깨어졌던 하나님과의 관계가 다시 회복되면서 연결되는 것입니다('하나님과의 관계 회복으로서의 구원 이해'). '하나님과 멀리 떨어져 있던 우리가 믿음으로 인해서 하나님의 자녀로 받아들여진 관계!' 이것이 구원입니다. 구원받은 신자는 말씀과 기도와 예배로 하나님과 대화하고 교제하면서 친밀함을 체득해갑니다. 하나님과의 관계가 살아 있을수록 신앙인들의 생각과 말과 행동도 하나님의 마음을 닮아서 점차적으로 바뀌어 갑니다. 이것이 가능한 이유는 나를 구원해 주신 하나님께서 나를 이끌어가시기 때문입니다.

다음 중 기독교의 구원의 확신을 가장 적절하게 표현한 것은 무엇인가요?
① "나는 완벽하기 때문에 충분히 구원 받을 수 있다!"
② "나의 착함으로 구원을 성취했으니 기쁘기 그지없다!"
③ "예수님 덕분에 하나님의 자녀가 됐으니, 나를 돌아보고 말씀에 순종하면서 살아가겠다!"
④ "구원의 은혜가 너무 크다. 늘 감사한 마음으로 살아가겠다."

3. 예수 그리스도의 유일성(Uniqueness of Jesus Christ)

성경은 인간의 구원에 있어서 예수께서 하나님께 나아가는 유일한 길과 진리와 생명이 되심을 분명히 말씀합니다. "예수께서 이르시되 내가 곧 길이요 진리요 생명이니 나로 말미암지 않고는 아버지께로 올 자가 없느니라"(요 14:6). 이 땅에 오신 예수께서 죄 없이 사시고 십자가에서 죽으셨다가 부활하심으로 구원의 길을 여셨습니다. 하나님이신 예수님께서 친히 우리 인간 곁으로 오셔서, 하나님을 가장 분명하게 보여주셨습니다. 예수 그리스도만이 인간을 구원에 이르게 하는 유일한 분입니다. 십자가에서 우리의 죄값을 담당하심으로 죽으시고 부활하심으로써, 하나님께 나아갈 새 길을 여셨습니다('예수 그리스도의 유일성'). 예수님은 지금도 살아 역사하시는 분입니다.

구원은 인간의 공로나 수행이 아니라, 예수님을 믿는 믿음을 통해서 나에게 주어지는 하나님의 은혜의 선물입니다. '값싼 은혜'가 아니라 매우 '값비

싼 은혜'입니다. 신앙인들은 예수님께서 하나님께로 나아가는 유일한 구원의 길이 되신다('유일성')는 성경의 선언을 꼭 붙잡아야 합니다. 이 유일성을 놔 버리면, 나의 신앙의 정체성이 희미해지기 때문입니다. 이 유일성은 교만의 근거가 아니라, 겸손과 사랑으로 모든 이에게 복음을 전하고 섬기라는 하나님의 부르심의 근거입니다. 그렇다면 예수 그리스도의 유일성을 인정하는 우리 신앙인들은 다른 종교를 향해서 어떤 태도를 가져야 할까요?

다음 중 '예수 그리스도의 유일성'을 올바르게 설명한 것은 무엇인가요?
① 예수 그리스도는 구원으로 가는 여러 길 중 하나다.
② 구원으로 가는 모든 길은 결국 똑같다.
③ 예수님은 하나님께 나아가는 유일한 길과 진리와 생명이다. 구원은 하나님의 은혜로 그분을 믿는 믿음으로 받는 것이다.
④ 착하게만 살면 구원받는다.

4. 다른 종교를 대하는 기독교의 다양한 입장들(Various Views)

① 배타주의(Exclusivism)

배타주의는 구원은 오직 예수 그리스도를 통한 믿음으로만 얻는다는 견해입니다. 다른 종교에도 좋은 가르침이 있지만, 그 가르침이 구원의 길은 아닙니다. 따라서 이 입장은 신앙인들이 복음을 분명히 전해야 한다는 책임을 강조합니다. '다른 종교들과 대화하는 것은 가능하되, 기독교의 진리에 대한 주장을 약화시키지 않으려고 하는 것!' 이것이 배타주의의 특징입니다.

② 포괄주의(Inclusivism)

포괄주의는 구원은 오직 예수 그리스도께 있지만, 하나님은 교회 밖의 사람들에게도 은혜로 다가가실 수 있다고 봅니다. 예를 들면 양심과 진리에 따라서 살려는 사람을 하나님이 품으실 수 있다고 얘기합니다. 다른 종교에도 진리의 씨앗이 있을 수 있다고 말하면서도, 복음 전도가 반드시 필요하다고 봅니다. 이유는 하나님께서 구원의 빛을 타 종교권의 사람들에게도 비추어 주시는 분이기 때문입니다.

③ 다원주의(Religious Pluralism)

다원주의는 여러 종교가 구원을 위해서 참된 길을 제시할 수 있다고 봅니다. 이 입장은 한 종교만 옳다는 태도를 독선이라고 여기면서 경계를 합니다. 절대적 진리 주장보다는 상대적 진리 인식을 강조하면서, 구원을 모든 종교가 궁극적으로 같은 산꼭대기를 향해 가는 것과 같다고 말합니다. 여러 종교가 가지고 있는 각각의 고유의 길을 동등하게 인정하려고 합니다. 다원주의는 예수 그리스도를 많은 위대한 종교 스승 중 한 분으로 이해합니다. 이러한 관점은 종교 간의 갈등을 줄이고 평화를 도모한다는 긍정적인 면을 갖지만, 결정적으로 기독교 신앙의 독특성과 배타성을 희석시키는 한계를 갖습니다. 다원주의는 타 종교와의 대화와 공존에 무게를 두는 입장입니다.

④ 복음주의(Evangelicalism)

복음주의는 구원에 있어서 성경의 권위와 그리스도의 십자가와 부활과 하나님의 은혜로 말미암은 믿음과 개인적 회심을 그 중심에 둡니다. 이들은 성경이 구원의 유일한 표준임을 믿으며, 오직 그리스도 안에서만 인류의 참된 희망이 있다고 고백합니다. 구원을 '그리스도 중심'에 두면서, 겸손하고 존중하는 태도로 타 종교의 사람들과 '대화하면서' 선교를 해야 한다고 얘기합니다. 다른 종교 사람들을 사랑으로 섬기고, 공동의 선(사회의 '정의'와 '자비'와 '평화' 등)을 위해서는 협력하되, 복음의 중심은 흐리지 않아야 함을 강조합니다. 복음주의는 삶의 증거(삶의 자리에서의 '봉사'와 '정직'과 '책임' 등)로 복음을 드러내는 '전인적인 선교'를 지향합니다.

수해 지역 구호를 여러 종교 단체가 함께 하자고 제안합니다. 이럴 때 어떻게 해야 할까요?
① 우리만 따로 한다. '협력 불가!'
② 머뭇거리다가 협력할 기회를 놓친다.
③ 주도권을 주면 협력하겠다고 강경하게 얘기한다.
④ 공익의 문제이니 적극적으로 협력하되, 신앙고백을 분명히 하면서 신앙의 혼합은 피한다.

5. 혼합주의에 대한 경계(Syncretism)

기독교의 타 종교의 사람들과의 대화에 있어서 '혼합주의'라는 사조가 있습니다. 혼합주의는 기독교의 예식과 신앙고백을 다른 종교들의 가르침들과 섞어서 하나의 새로운 믿음을 만들어내려는 풍조를 말합니다. 이렇게 원칙과 기준 없이 여러 종교들을 섞었을 때, 어떤 문제가 생겨날까요? 기독교 본래의 교리, 즉 삼위일체론과 예수 그리스도의 성육신과 십자가와 부활 등, 기독교 본래의 교리가 퇴색해지거나 변형될 위험성을 갖습니다. 이것은 정체성의 훼손이면서 변질입니다.

기독교가 타 종교의 사람들과 대화를 한다고 할 때, 우리는 그 기준과 범주를 명확히 해야 합니다. '기독교의 정체성과 신앙고백을 지키는 선에서 다른 종교들을 이해하고 존중하는 것!' 이 기준과 범주에서 벗어나면 안 됩니다. 혼합주의는 건전한 기준과 범주를 넘어서 기독교의 신앙 내용과 타 종교의 주장을 뒤섞으면서 정체성을 모호하게 만들기 때문에 문제가 될 수밖에 없습니다.

타 종교와 대화를 함에 있어서 우리에게 '존중'과 '혼합'을 구분하는 지혜가 필요합니다. 존중은 다른 종교의 목소리를 경청하면서 공동의 선('정의'와

‘자비’와 ‘평화’ 등)을 위해서 협력하되, 기독교의 핵심 신앙(‘삼위일체’, ‘성육신’, ‘그리스도의 십자가와 부활’ 등)은 분명히 유지하는 태도입니다. 구호와 교육과 환경과 약자 보호 같은 공익의 영역에서는 다른 종교들과 넓게 협력하되, 신앙 내용을 섞거나 타협하자는 요구에는 정중히 거절해야 합니다. 다른 종교와 만남을 가질 때, 그 만남을 성경의 가르침과 교회의 지혜에 비추어서 점검하면서, 사랑과 진리를 함께 붙드는 균형을 잃지 않아야 합니다.

함께 나누어요 ❺

다른 종교에 대한 ‘존중과 혼합’의 기준과 원칙을 어떻게 세워야 할까요?

① 다른 종교를 무조건 반박한다. ‘경청 금지!’

② 차이를 언급하는 것을 금지하면서 모든 종교는 같다고 선언한다.

③ 교리 문제를 가지고 다른 종교 사람들과 계속 논쟁을 한다.

④ 서로를 존중하면서 공익 문제에는 함께하되, 넘지 않아야 하는 선을 넘어가지 않으려고 주의한다.

6. 하나님의 구원 경륜(God's Plan of Salvation)

다른 종교에도 구원이 있는가? 이 질문에서 신앙인들은 ‘하나님의 구원 경륜’을 살펴보아야 합니다. 하나님의 구원 경륜은 하나님께서 창세 전부터 계획하시고 역사 속에서 실행하셔서, 결국 그리스도 안에서 세상을 새롭게 하시는 ‘구원의 큰 그림과 운영 방식’을 뜻합니다. 하나님의 구원 경륜을 보여주는 대표적인 사례가 창세기 12장(아브라함의 복이 열방에 전해지는 것)과 사도행전 10장(이방인 고넬료의 회심 사건)에 나옵니다. 하나님은 당신의 큰 그림 속에서 구원의 은혜를 이방 사람들에게까지 열어놓으셨습니다.

이 하나님의 큰 그림을 바르게 이해한다면, 신앙인들은 구원을 하나님께서 단지 나에게만 베푸신 은혜의 사건으로만 여길 수 없습니다. 하나님은 지금도 당신의 큰 그림을 펼치시면서, ‘진리를 좇는 사람을 구원으로 인도하시는 분'이십니다. 이 하나님을 신뢰하면서, 신앙인들은 하나님의 구원 경륜에 '선한 도구'로 쓰임을 받아야 합니다. 하나님의 구원의 은혜가 아직은 아니지만 타 종교권의 사람들에게도 열려질 수 있음을 알아서, 그들에게 하나님의 사랑을 전하려고 노력해야 합니다. 배타주의나 혼합주의가 아니라, 겸손하게 분별하면서 그리스도의 복음을 말과 삶으로 증언해야 합니다. 신앙인들은 하나님의 큰 그림 속에서 다른 종교권의 사람들에게 그리스도의 복음을 전하면서, 모든 영광을 하나님께 돌리는 사람들입니다.

동네에 다른 종교를 가진 사람들이 늘었습니다. 이때 어떤 반응을 보여야 할까요?

① 불편하기 때문에 거리를 둔다.

② 그 사람들과 논쟁하면서 이기려고 든다.

③ 종교를 섞어가면서 친해진다.

④ 경청과 환대로 관계를 맺고, 섬김 속에서 조용히 복음을 증언한다.

7. 내가 하나님을 선택하고 믿는 것인가?(Matter of Choice)

다른 종교에도 구원이 있는가? 이 질문은 또한 '내가 하나님을 선택하고 믿는 것인가'의 질문과도 상관이 있습니다. 기독교는 '선택의 종교'입니다. 내가 하나님을 선택하는 것인가? 하나님께서 나를 선택하시는 것인가? 이 질문 앞에서 기독교 신학은 하나님께서 나를 선택하셨고, 나에게 믿음을 주셨다고 얘기합니다.

하나님께서 나를 선택하신 이유가 내가 심성이 바르거나 잘났거나 무언가를 잘한 것에 있지 않습니다. 하나님께서 나를 선택하신 것은 '하나님의 전적인 은혜의 사건'입니다. 이 전적인 은혜의 선택 사건은 다른 종교를 가진 사람들을 포함해서 누구에게나 열려 있습니다.

만일 내가 인간적인 생각을 가지고 다른 종교를 가진 사람들을 구원에서 제외를 시킨다면, 그것은 하나님의 선택을 제한하는 월권이자, 교만입니다. 그러므로 우리는 누가 '구원 대상인지'에 대해서 선을 긋지 말고, 하나님께서 보내시는 자리에서 복음을 겸손히 전하고 사랑으로 섬겨야 합니다. 구원의 최종 판단이 하나님께 있음을 알아서, 누구에게도 문을 닫지 않고 대화해야 합니다. 기독교는 구원이 그리스도 안에서 주어진다는 고백을 분명히 하면서, 그 은혜의 초청을 모든 이에게 널리 펴는 종교입니다.

함께 나누어요 ❼

하나님의 선택 교리를 가장 바람직하게 담은 문구는 어떤 것인가요?

① "하나님께 택함받은 사람만 우리 편이다!"

② "하나님은 착한 사람만 선택하신다!"

③ "선택은 하나님의 전적인 은혜이다. 그러니 누구에게나 복음을 널리 전해야 한다!"

④ "하나님께서 나를 선택하셨으니, 그 은혜에 감사하면서 기쁘게 살아가겠다!"

함께 나누어요 ❽

'하나님께서 당신의 은혜로 나를 선택하셨습니다!' 이 사실이 나로 하여금 다른 종교를 가진 사람들과의 대화와 관계에 어떤 마음가짐과 태도를 갖게 할까요?

지금까지 "다른 종교에 구원이 있는가"라는 주제로 성경 공부를 하였습니다. 성경 공부를 통해서 깨달은 점이나 마음에 남은 은혜나 새롭게 얻은 통찰을 간단하게 적어 보시기 바랍니다. 이 기록이 앞으로 하나님과 함께 걸어갈 믿음의 여정을 새롭게 준비하는 소중한 흔적이 될 것입니다.

예시

성경 공부를 통해서 예수 그리스도의 유일성과 하나님의 구원 경륜에 대해서 깊이 있게 배울 수 있어서 감사했습니다. 다른 종교를 가진 이웃들을 무조건 배척하기보다는, 사랑과 진리의 태도로 복음을 전해야 한다는 가르침이 마음에 남습니다. 그리고 '존중'과 '혼합'을 구분하면서 신앙의 정체성을 지키는 것이 얼마나 중요한지를 깨달았습니다. 앞으로도 겸손한 태도로 진리를 붙들며 복음을 삶으로 증언하는 신앙인으로 살아가고 싶습니다.

1부

진리의 시선으로 세상 바라보기

4과. 이단에 대한 올바른 대처

1. 기독교 이단이 언제부터 있었는가?

2. 이단에 대한 초대교회의 대처

3. 오늘날 이단 판정의 바람직한 기준

4. 기독교 이단과 관련된 주요한 쟁점들

　① 성경 권위의 문제

　② 그리스도론 왜곡의 문제

　③ 구원론 왜곡의 문제

　④ 교회론 왜곡의 문제

　⑤ 지도자를 절대화하는 문제

　⑥ 과도한 천사론과 귀신론의 문제

　⑦ 영적 체험 절대화의 문제

　⑧ 포교 방식의 문제

5. 이단에서 돌아온 이들에 대한 교회의 돌봄 방안

4과. 이단에 대한 올바른 대처

1. 이단들의 역사적 배경을 살펴보고 그들이 이 시대에 끼치는 위험성을 알게 한다.
2. 이단에 대해서 초대교회가 어떻게 대응했는지를 배운다.
3. 성경에 기초한 바른 교리의 중요성을 충분히 깨닫도록 한다.
4. 이단에 미혹되지 않기 위해서 경건한 삶을 살 것을 결단하도록 한다.

오늘날 한국교회에서 이단은 멀리 있는 이야기가 아니라 우리의 일상 속으로 조용히 스며드는 현실이 되었습니다. 이단들은 대개 성경 구절과 따뜻한 말을 가지고 마음의 빈틈을 채워주는 것처럼 보이지만, 결국에는 신자를 신앙의 중심에서 엇나가게 만듭니다. 이단에 빠지면 자유로운 신앙생활에서 멀어지고, 가족과 교회와의 연결이 약해지며, 일상의 리듬도 흐트러지게 됩니다. 오늘날 이단들은 거짓 교리를 주장하면서 반(反)교회적이고 반(反)사회적인 행위를 일삼습니다. 이 시대에 이단의 문제는 한 사람의 인생을 무너뜨리는 문제를 넘어서, '영적·사회적 문제'가 되었습니다. 이 성경 공부가 성경과 신학의 기준으로 이단을 분별하고, 우리의 공동체와 가정을 지키기 위한 길잡이가 되기를 원합니다. 또한 이단에 미혹된 이들을 밀어내지 않고 회복으로 이끌기 위해서 함께 고민하는 시간이 되기를 원합니다. "15 거짓 선지자들을 삼가라 양의 옷을 입고 너희에게 나아오나 속에는 노략질하는 이리라 16 그들의 열매로 그들을 알지니 가시나무에서 포도를, 또는 엉겅퀴에서 무화과를 따겠느냐"(마 7:15-16).

[함께 생각하기]

마음이 허전할 때, 말씀보다 먼저 '따뜻한 말'을 찾지 않았는지를 돌아봅니다. 누군가 '새로운 깨달음'을 얘기할 때, 그 말이 나를 자유롭게 했는지, 나를 조급하고 불안하게 만들었는지, 내 안의 울림에 귀를 기울입니다. 예수님을 작게 봤을 때 내 안에 두려움이 생겼음을 떠올리면서, 다시금 참 하나님이시고 참 사람이신 그분께 나의 시선을 고정시킵니다. '우리만 옳다'는 목소리를 들을 때, 내 주변의 평범한 성도들과 작은 교회들 안에서 조용히 흐르는 은혜의 강줄기를 떠올리면서 살포시 미소를 짓습니다. 나의 책임을 마귀 탓으로 돌리고 싶은 유혹이 생겨날 때, 하나님 앞에서 정직하게 울면서 도움을 구하면서, 다시금 신앙의 정도를 걷겠다는 결심을 합니다. 비밀로 갖는 모임보다, 우리를 밝게 드러내면서 묻고 확인하는 공동체가 얼마나 안전하고 건강한 공동체인지를 다시 한번 더 깨닫습니다. 이단을 경계하는 이유가 분노가 아니라 사랑임을 기억하면서, 상처를 입고 돌아오는 이들을 정죄가 아니라 따뜻함으로 맞아야겠다는 다짐을 해 봅니다.

1. 기독교 이단이 언제부터 있었는가?(Matter of "When")

기독교 이단(異端)은 다르거나 틀린 이야기를 하는 사람들로서, 사도들이 세운 진리의 가르침에서 벗어나서 거짓 교리를 만들어 내는 무리를 가리킵니다. 이들은 정통교회처럼 성경과 신앙의 언어를 그대로 쓰지만, 그 핵심을 살짝 바꿔냅니다. 이때 이들이 사용하는 방법론이 '논리'입니다. 정교하게 갈고 닦은 논리에 기반해서 새롭지만 잘못된 핵심을 만들어 냅니다. 이러한 논리와 핵심을 가지고 성경을 상당히 명쾌하게 가르치기에 성도들은 여기에 현혹되기 쉽습니다. 하지만 우리는 성경이 역설을 담고 있음을 알아야 합니다. 진리를 분명하게 계시하면서도, 동시에 성경 안에는 수많은 역설이 있습니다. 우리는 수많은 역설들을 여기저기서 짜깁기를 하면서 논리적으로 명쾌하게 풀려고 했을 때, 그로 인해서 심각한 문제들이 생겨날 수밖에 없음을 알아야 합니다.

이단들로 인한 이러한 심각한 왜곡은 초대교회 때부터 있었습니다. 신약성경의 여러 서신서를 보면, 이단을 경계하면서 교회 공동체를 지키라는 권면이 계속해서 반복되는 것을 볼 수 있습니다. "6 그리스도의 은혜로 너희를 부르신 이를 이같이 속히 떠나 '다른 복음'을 따르는 것을 내가 이상하게 여기노라 7 '다른 복음'은 없나니 다만 어떤 사람들이 너희를 교란하여 그리스도의 복음을 변하게 하려 함이라"(갈 1:6-7). "그러나 백성 가운데 또한 거짓 선지자들이 일어났었나니 이와 같이 너희 중에도 '거짓 선생들'이 있으리라 그들은 멸망하게 할 '이단'을 가만히 끌어들여 자기들을 사신 주를 부인하고 임박한 멸망을 스스로 취하는 자들이라"(벧후 2:1). 신앙인은 언제나 말씀 위에 굳게 서서, 시대마다 변형되어 나타나는 이단의 유혹을 분별하고 경계해야 합니다.

함께 나누어요 ❶

'논리적으로 성경을 깔끔하게 정리했다'는 새로운 성경 공부 모임에 초대를 받았을 때, 먼저 확인해야 하는 것이 무엇인가요?
　① 감동적인 간증이 많은지를 확인한다.
　② 끝까지 개근하면 장학금이 나오는지를 묻는다.
　③ 성경의 비유 풀이가 신박한지를 묻는다.
　④ 모임의 소속(교회와 교단 등)을 먼저 확인한다.

2. 이단에 대한 초대교회의 대처(Early Church's Response)

초대교회는 이단들에 대해서 말씀에 뿌리내린 '가르침'과 서로의 삶을 돌보는 '공동체성'으로 성도들을 지켜냈습니다. 대표적인 모습이 사도행전 15장의 예루살렘교회 회의에 나타납니다. 예루살렘교회는 이단 문제를 개인 간의 논쟁에 두지 않고 공동체 차원에서 검증했으며, 사도와 장로들이 모여 복음의 핵심을 재확인하면서 문제를 해결해 나갔습니다. 또한 주일 모임에서 성경을 공적으로 봉독하고, 사도적 가르침을 반복해서 읽으며, 나아가서 지역 교회들 사이에 서신을 돌려서 이단의 왜곡을 바로잡았습니다.

초대교회의 지도자들도 이단들에게 틈을 주지 않기 위해서, 자신들의 삶과 가르침, 재정과 권위 사용을 공동체 앞에 투명하게 드러냈습니다(딤전 3장). 그러면서 끝까지 거짓 가르침을 고집하는 이들에게는 '권면과 경고와 교제의 제한 형식'으로 권징을 하면서 교회를 보호했습니다. "10 이단에 속한 사람을 한두 번 훈계한 후에 멀리하라 11 이러한 사람은 네가 아는 바와 같이 부패하여 스스로 정죄한 자로서 죄를 짓느니라"(딛 3:10-11). 그러면서도 미혹된 이들을 정죄하면서 밀어내지 않고 돌봄과 제자훈련으로 회복시켰으며, 진리의 말씀으로 교정하고 사랑으로 상처를 어루만지는 '회복의 두 개의 축'을 함께 붙잡았습니다. "19 내 형제들아 너희 중에 미혹되어 진리를 떠난 자를 누가 돌아서게 하면 20 너희가 알 것은 죄인을 미혹된 길에서 돌아서게 하는 자가 그의 영혼을 사망에서 구원할 것이며 허다한 죄를 덮을 것임이라"(약 5:19-20).

함께 나누어요 ❷

교회 안에 교리적으로 논란이 되는 가르침 때문에 문제가 생겼을 때, 바람직한 태도는 무엇인가요?

① SNS에 즉시 반박문을 올린다.

② 당사자와만 비밀리에 합의한다.

③ 말씀 기준을 확인하고, 조용히 교회의 공적 리더십들(목회자와 장로 등)이 모임을 갖고 '공동체적 차원에서' 검증한다.

④ 분위기가 가라앉을 때까지 기다린다.

3. 오늘날 이단 판정의 바람직한 기준(Desirable Standards)

오늘날 이단을 규정할 때 성경의 가르침이 그 기준과 표준이 되어야 합니다. 여기서 주의해야 하는 것이 있습니다. 성경의 가르침을 이단 판정의 기준으로 삼을 때, 어느 한 사람의 판단이나 신학적인 견해가 기준이 되면 안 됩니다. 어느 한 개인이 아니라, 총회와 같은 교회의 공적인 대표 기관의 판단을 판정 기준으로 삼아야 합니다. 이때 총회는 이단 문제에 대해서 성경의 가르침을 바르게 해석하면서 판정 기준을 명확히 해야 합니다. 신앙인들은 누군가를 이단으로 판정을 내릴 때 그 최종적인 권위를 교회의 '대표 기관'(총회)에 두어야 합니다.

성경을 기준으로 이단을 규정할 때, '핵심 진리'와 '해석상의 차이'를 분명히 구분하는 것이 중요합니다. 삼위일체와 예수님의 참하나님-참사람 되심과 십자가와 부활의 은혜의 복음과 성경의 충분성 같은 '본질적인 가르침'에서 벗어났을 때는 경계 대상이 됩니다. 하지만 예배 형식이나 종말의 세부 견해 같은 '비본질적인 가르침'은 이단 판정의 기준이 될 수 없습니다. 그리고 이단 판정은 말이나 소문이 아니라, 문서나 설교나 공식 교리 같은 '확인 가능한 증거상에서' 이루어져야 합니다. 무엇보다 먼저 당사자에게 문제를 설명하고 소명할 수 있는 기회를 주어야 합니다. 이후에 교단은 공청회나 연구보고서나 결의문 같은 공개적인 절차를 밟고 최종적인 판정을 내려서, 교단에 속한 모든 교회가 같은 기준을 공유하도록 해야 합니다. 하지만 최종 판정 후에도 교단은 그 목표를 '정죄'가 아니라 '회복'에 두어야 합니다.

교단이 이단 시비 의혹 당사자에게 '소명 기회'를 주는 이유가 무엇인가요?
   ① 시간을 끌기 위해서
   ② 공정한 판단을 위해서
   ③ 여론을 진정시키기 위해서
   ④ 당사자의 기분을 맞추기 위해서

4. 기독교 이단과 관련된 주요한 쟁점들(Major Issues)

기독교 이단과 관련해서 다음의 몇 가지 주요한 쟁점들이 있습니다. 이 쟁점들은 단순히 신학적인 지식의 문제를 넘어서, 우리 자신의 신앙생활과 신앙 공동체의 건강에까지 직접적인 영향을 끼치는 쟁점들입니다.

① 성경 권위의 문제(Biblical Authority)

성경은 하나님께서 우리 인간의 구원과 신앙생활을 위해서 계시하신 '충분한' 표준입니다('성경의 충분성'). 성경을 이렇게 믿고 이해하는 것이 올바른 신앙의 시금석이 됩니다. "15 또 어려서부터 성경을 알았나니 성경은 능히 너로 하여금 그리스도 예수 안에 있는 믿음으로 말미암아 구원에 이르는 지혜가 있게 하느니라 16 모든 성경은 하나님의 감동으로 된 것으로 교훈과 책망과 바르게 함과 의로 교육하기에 유익하니 17 이는 하나님의 사람으로 온전하게 하며 모든 선한 일을 행할 능력을 갖추게 하려 함이라"(딤후 3:15-17).

그런데 이단들은 '성경만으로는 불충분하다'고 하면서, '성경 밖에 있는 새로운 계시'를 가져와서 덧붙입니다. 이것은 매우 위험한 태도입니다. 예를 들어 그 무리의 어떤 지도자가 자기가 개인적으로 받은 '비밀 계시'(내지 '직통계시')를 가지고 새로운 교리나 규칙을 정하게 되면, 사실상 사람의 말을 성경 위에 올려놓는 셈이 됩니다. 이렇게 되면 성경의 최종 권위가 약해지고, 그 공동체도 지도자의 말 한마디에 좌지우지되는 건강성을 잃은 공동체가 될 수밖에 없습니다.

교회에서 누군가로부터 교리적인 문제에 대해서 '이 내용은 밖에 말하지 말라'는 얘기를 들었습니다. 이때 바람직한 행동은 무엇인가요?

① 그 사람의 의견을 존중하면서 그냥 넘어간다.

② 호기심을 느끼면서 더 깊이 들어가 본다.

③ 담임목사나 장로에게 보고하고, 공개 검증의 절차를 밟는다.

④ 그 내용을 다른 사람에게 전달한다.

② 그리스도론 왜곡의 문제(Distortion of Christology)

　기독교 신학은 성경의 가르침에 따라서 예수님을 '참 하나님이자 참사람'으로 가르칩니다. "…'육신'으로 하면 그리스도가 그들에게서 나셨으니 그는 만물 위에 계셔서 세세에 찬양을 받으실 '하나님'이시니라…"(롬 9:5). "그 안에는 '신성'의 모든 충만이 '육체'로 거하시고"(골 2:9). 그런데 이단들은 성경에서 벗어나서 예수님의 신성을 부인하는 가르침을 제시합니다. 이렇게 되면 복음의 중심이 무너질 수밖에 없습니다. 예수님의 신성을 깎아내리면, 구원의 확실성도 흔들리고, 예배의 대상도 삼위일체 하나님에서 사람으로 바뀌게 됩니다.

　'예수님 재림 날짜를 정확하게 안다'는 이단들의 주장도 "그날과 그때는 아무도 모른다"는 성경의 가르침에서 벗어납니다. 성경은 재림 날짜를 가르치는 것이 아니라, 예수님께서 언제 오시더라도 깨어 있으면서 맡은 자리에서 충성을 다하라고 가르칩니다(마 24:42-46). 재림 날짜를 계산하는 것은 신자로 하여금 두려움과 조급함을 키워서 일상의 책임과 건강한 신앙을 흐리게 만듭니다. 신자들은 성경의 목적이 예수님의 재림 날짜를 밝히는 데 있지 않음을 알아야 합니다.

③ 구원론 왜곡의 문제(Distortion of Soteriology)

　어떤 이단들은 '예수님을 믿는 믿음으로 구원이 충분하다'는 복음에다가 '의식'과 '헌금'과 '조직에 대한 충성' 등을 구원의 필수조건이 되는 것처럼 덧붙입니다. 이렇게 되면 구원에 있어서 그리스도의 충분성이 약화되면서 '은혜로 받는 구원'이 '대가를 치르는 거래'로 바뀌어 버립니다. 의식과 충성은 구원의 조건이 아니라 구원받은 자의 열매이자 감사의 응답입니다. 따라서 충성과 헌신에 있어서 성도는 '이것이 복음 밖에 있는가, 복음을 드러내는가'를 반드시 물어야 합니다. 만일 충성을 구원의 조건처럼 강요한다면, 그 가르침은 이미 복음의 중심에서 벗어난 가르침입니다.

　어떤 이단들은 회심 체험을 '구원의 완결'로 간주합니다. 하지만 회심 체험은 그 사람에게 있어서 '구원의 시작'이지, 그 자체가 '구원의 전부'는 될 수 없습니다. 하나님의 은혜로 구원을 받은 성도는 그 은혜에 감사하면서 '구원을 이루어 가는 성화의 삶'을 살아가야 합니다. "그러므로 나의 사랑하는 자들아 너희가 나 있을 때뿐 아니라 더욱 지금 나 없을 때에도 항상 복종하여 두렵고 떨림으로 너희 구원을 이루라"(빌 2:12). '구원받았으니 마음대로 살아도 된다'는 생각은 '복음'이 아니라 '방종'입니다. 성도는 구원받은 믿음이 시간을 지나면서 삶의 열매('말'과 '관계'와 '정직'과 '사랑' 등)로 맺혀져 감을 기억해야 합니다.

④ 교회론 왜곡의 문제(Distortion of Ecclesiology)

이단들은 자기들의 교회만 '참된 교회'라고 주장합니다. 그런데 예수 그리스도를 주로 고백하는 모든 교회들은 지리적으로 전 세계에 흩어져 있지만, 모두 그리스도의 한 몸입니다. 따라서 '우리만 참된 교회'라는 이단의 주장은 교회의 보편성과 사도적 신앙의 연속성을 훼손하는 왜곡된 가르침입니다. '우리만 참교회'라는 배타주의적 가르침은 다른 교회와 성도들을 적으로 만들고, 자기들의 구성원들을 조직 중심으로 묶어서 통제하게끔 만듭니다. 혹시 누군가로부터 '우리 교회만 참된 교회'라는 말을 들었다면, 그 공동체의 건강성을 점검해야 합니다.

⑤ 지도자를 절대화하는 문제(Absolutization of Leadership)

이단 교회들이 자기들 지도자(교주)의 '무오류성'을 강조하면서 절대화시키는 것도 문제가 됩니다. 본래 교회의 지도자는 말씀을 맡은 청지기일 뿐, 실수하지 않는 절대 권위자는 아닙니다. 교회 지도자의 '무오류성' 주장은 지도자에 대한 건강한 질문과 검증을 가로막으면서 공동체를 침묵과 두려움 속에 두게 만듭니다. 건강한 교회는 지도자의 설교와 의사결정과 재정을 투명하게 공개하면서, 상호 존중 속에서 질문과 토론이 가능한 시스템을 갖고 있습니다.

다음 중 '교회 지도자의 무오류성'의 위기를 만드는 위험 신호에 가까운 것은 무엇인가요?

① 예배당 인테리어가 화려하다.
② 교회 지도자가 설교를 재미있게 한다.
③ 찬양 시간이 길다.
④ 그 교회 지도자의 말을 무조건 하나님의 음성이라고 규정한다.

⑥ 과도한 천사론과 귀신론의 문제(Angelology and Demonology)

이단들 중에서 천사론과 귀신론을 과하게 강조하는 이단들이 있습니다. 천사론과 귀신론을 과하게 강조했을 때, 어떤 문제가 생겨날까요? 첫째로 몸이 아프거나 사고를 당했을 때, 그 원인을 객관적으로 바라보지 못하게 만드는 문제가 생깁니다. 문제의 원인을 '귀신 탓'으로 몰아가면서 불안감을 키울 수 있습니다. 둘째로 의학을 경시하는 문제가 생겨납니다. 예를 들면 질병을 '축사'로만 해결하려고 하면서 치료와 회복을 악화시킵니다. 셋째로 미신화의 문제가 생겨납니다. 말씀과 기도 대신에, 기름이나 소금이나 수건이나 특정 문구가 효력이 있다고 가르치면서 미신화된 신앙을 만들어 냅니다. 넷째로 중독적으로 체험을 추구하는 문제를 만들어냅니다. 그러면서 말씀과 성경 공부와 제자훈련보다 반복적인 신비 경험에 집착하도록 함으로써, 건강한 제자도를 약화시킵니다.

⑦ 영적 체험 절대화의 문제(Absolutization of Spiritual Experience)

영적 체험을 절대화하는 것도 이단들이 가지고 있는 심각한 문제입니다. 영적 체험은 하나님이 주시는 선물이지만, 그것을 성경과 기독교 신학보다 위에 올려놓으면 안 됩니다. 그러면 기준이 모호해지면서 무분별한 신앙생활이 될 수밖에 없습니다. 검증 없이 체험만을 절대화하면, 개인의 느낌이 기준이 되어서 오류와 남용이 생겨납니다. 성경은 '모든 것을 분별하라'고 하면서(요일 4:1), 범사에 헤아려 좋은 것을 취하라고 말씀합니다(살전 5:21). 무슨 말씀입니까? 영적 체험의 내용이 복음과 사랑의 법에 맞는지 살피라고 말씀입니다. '자신이 영적 체험을 했다면, 그 체험을 감사히 받으면서도 말씀과 공동체 안에서 분별하며 검증하는 것!' 이것이 건강한 태도입니다.

함께 나누어요 ⑦

교회에서 누군가가 '어젯밤 환상 중에 하나님께서 ○○헌금을 하라고 하셨다'고 말합니다. 이때 바람직한 태도는 무엇인가요?
① 즉시 헌금을 준비한다.
② 무시한 채 조용히 넘어간다.
③ 다른 사람에게도 헌금하라고 알려준다.
④ 담임목사나 장로들에게 검증을 받도록 권면한다.

⑧ 포교 방식의 문제(Method of Proselytizing)

이단들의 포교 방식도 문제가 됩니다. 이단들은 위장 단체('대학 동아리'나

'문화모임'이나 '자원봉사' 등)를 만들어서 자신들의 정체를 숨긴 채 친절한 관계 맺기로 먼저 신뢰를 쌓습니다. 그러면서 '소속감'과 '특별함'을 강조합니다. 처음에는 일반 성경 공부처럼 보이는 그 모임이 결국에는 자신들 지도자(교주)의 가르침으로 귀결됩니다. 그다음에는 모임 참석 의무와 과제와 연락 보고 등을 통해서 심리적 압박을 주면서 침묵을 강요합니다. 나아가서 기존 교회와 가족을 '영적 방해자'로 규정하면서 연락을 줄이거나 끊게 만듭니다. 그러면서 신자의 일상생활과 학업과 직장 생활을 흔들어 놓습니다. 성도는 건강한 교회의 기준이 '공개성'에 있음을 알아야 합니다('소속'과 '교단'과 '교리'와 '재정'의 공개성).

5. 이단에서 돌아온 이들에 대한 교회의 돌봄 방안(Church's Care Plan)

교회는 이단에 빠진 사람들을 비난의 대상이 아니라 긍휼의 대상으로 여겨야 합니다. "22 어떤 의심하는 자들을 긍휼히 여기라 23 또 어떤 자를 불에서 끌어내어 구원하라 또 어떤 자를 … 두려움으로 긍휼히 여기라"(유 1:22-23). 교회는 이단에서 돌아온 자들을 대하는 목적을 '옳고 그름을 겨루는 것'에 두지 말고, 상한 갈대를 꺾지 않고 신뢰와 자유를 회복하도록 돕는 것에 두어야 합니다. 한때 이단에 빠졌던 자들도 하나님께서 사랑하시는 자인 것을 기억하면서, 교회는 다음과 같은 돌봄 방안을 마련해야 합니다. 첫째, 안전을 보장하고 비밀을 지키면서 당사자의 신앙 회복 방안을 마련해야 합니다. 둘째, 충분히 듣는 것부터 시작해서, 그가 그 단체에서 어떤 교리와 관행과 관계에서 상처를 받았는지를 서면으로 정리합니다. 셋째, 신앙 해독 프로젝트를 구체적으로 구성함으로써, 복음과 삼위일체와 은혜와 성화 등의 기초 교리를 다시 배우면서 오해를 하나씩 바로잡아 가도록 합니다. 넷째, 동성 멘토를 지정해서 주 1회 동행과 기도와 점검을 하도록 하되, 과도한 간섭은 피합니다. 다섯째, 필요 시 전문가와 연계해서 당사자의 신앙 회복을 돕습니다. 여섯째, 예배 생활과 말씀 생활 같은 신앙생활 리듬의 회복을 돕고, 나아가서 직장과 학업과 수면 등과 같은 일상생활의 회복까지도 도움을 줍니다. 일곱째, 심각한 재정 피해를 입었다면 긴급 지원과 재무 코칭을 제공하고, 헌금 생활은 충분히 신앙 회복이 이루어진 후에 자발적으로 결정하도록 합니다. 여덟째, 전체 교인들을 향해서 낙인 금지와 존중의 문화를 교육하여 호기심이 담긴 질문과 뒷말을 막고 돌아온 이를 '형제같이 권면'하도록 합니다. 아홉째, 교회 봉사는 서두르지 말고, 일정 기간 동안의 관찰과 동역을 거치면서 그가 회복된 후에 하도록 합니다.

이단에서 돌아온 성도를 처음으로 맞이할 때 올바른 태도는 무엇인가요?

① 어느 이단 단체에 들어갔는지 공개 질의부터 한다.

② 그가 무슨 말을 하려고 할 때, 입막음부터 한다.

③ 환영 인사 후 즉시 간증 무대에 세운다.

④ 안전을 보장하고 비밀을 지키며, 상담자와 이야기할 자리를 마련해
   준다.

**이단에서 돌아온 이들을 정죄가 아닌 사랑으로 대하기 위해서 나에게 필요
한 태도가 무엇인가요?**

지금까지 "이단에 대한 올바른 대처"라는 주제로 성경 공부를 하였습니다. 성경 공부를 통해서 깨달은 점이나 마음에 남은 은혜나 새롭게 얻은 통찰을 간단하게 적어 보시기 바랍니다. 이 기록이 앞으로 하나님과 함께 걸어갈 믿음의 여정을 새롭게 준비하는 소중한 흔적이 될 것입니다.

예시

성경 공부를 통해서 '이단'이 우리의 일상과 공동체를 위협하는 현실적인 문제임을 절감하게 되었습니다. '이단에 대한 분별'이 지식만으로 되는 것이 아니라, 말씀과 공동체 안에서 끊임없이 깨어 있는 자세로 이루어져야 함을 배웠습니다. 특히 이단에 빠진 이들을 대함에 있어서 '정죄의 태도'가 아니라 '따뜻한 마음'의 태도를 가져야 한다는 가르침이 마음에 깊이 남습니다. 성경 위에 굳건히 서서, 겸손하고 성숙한 신앙의 길을 걸어야겠다는 다짐을 해 봅니다.

성경 공부를 통해서 얻은 통찰 메모하기

2부

진리의 시선 지평 넓히기

5과. 인간은 어떠한 존재인가?

5과. 인간은 어떠한 존재인가?

1. 인간이 일과 쉼이 모두 필요한 존재임을 배운다.
2. 인간이 관계 속에서 성장하는 존재임을 알게 한다.
3. 인간이 자유와 책임을 함께 지닌 존재임을 배운다.
4. 죽음의 두려움을 소망으로 바꾸어야 함을 배운다.

인간은 어떠한 존재인가? 이 물음에 많은 이들이 답을 주었습니다. 철학자들은 인간을 이성적인 존재라고 얘기합니다. 이성은 우리 인간을 사실과 거짓 여부를 분별하고 인과를 따지면서 내일을 계획하게 합니다. 생물학자들은 인간을 죽음과 더불어 없어질 존재라고 얘기합니다. 이들은 인간이 죽음과 더불어 세포와 기관의 기능이 멈추고 몸이 분해되어 자연으로 돌아간다고 얘기합니다. 정신분석학자들은 인간을 그 안에 의식과 무의식이 함께 공존하는 존재라고 규정합니다. 의식과 무의식이 육체의 죽음과 함께 그 작동이 정지한다고 봅니다. 따라서 이들에게 개인의 자아와 기억은 생전에만 가능합니다. 죽음 이후에는 이 모든 것들이 사라지며, 사회적 흔적만 남는다고 얘기합니다. 사회학자들은 인간을 사회적인 존재라고 규정합니다. 인간을 사회적 역할과 상호작용의 총합으로 이해하며, 죽음 후에 이 모든 것들이 종결된다고 얘기합니다. 이러한 다양한 인간 규정을 가슴에 담으면서, 이 시간에 성경과 신학이 인간을 어떠한 존재로 보는지를 살펴보겠습니다. "4 사람이 무엇이기에 주께서 그를 생각하시며 인자가 무엇이기에 주께서 그를 돌보시나이까 5 그를 하나님보다 조금 못하게 하시고 영화와 존귀로 관을 씌우셨나이다"(시 8:4-5).

[함께 생각하기]

나는 누구일까요? 바쁜 일상 속에서 숨을 쉬고, 사랑하고, 실수하고, 다시 일어서는 존재입니다. 오늘도 하나님이 주신 숨으로 하루를 시작합니다. 우리는 스스로 있게 된 존재가 아니라, 창조주에 의해서 만들어진 존재입니다. 그렇기에 손에 쥔 계획이 있어도, 내 손보다 큰 손이 있음을 수긍하면서, 마음을 가벼워하면서 주어진 삶을 살아가야 합니다. 나는 혼자가 아닙니다. 내 곁에 나를 만드신 분이 계시고, 함께 있어 줄 누군가가 있기 때문입니다. 따라서 "내가 내 삶의 주인인가, 하나님이 내 삶의 주인인가?" 이 질문이 나의 삶의 방향을 가릅니다. 우리는 매일 선택을 하면서 살아갑니다. 선택은 나를 만들고, 동시에 이웃을 만드는 가치입니다. 또한 우리는 유한해서 오래 살지 못하기에, 오늘의 말 한마디와 작은 친절이 더욱 중요함을 아는 존재입니다. 이제 이러한 성찰을 가슴에 품고 나에게 주어진 삶을 의연하게 살아가도록 하겠습니다 그 방향성을 하나님께 두면서, 가족에게 두면서, 이웃에게 두면서…

1. 인간, 지음을 받은 피조물(Created Being)

인간이 어떠한 존재인가? 인간은 우연히 생겨난 존재가 아니라 하나님께 지음을 받은 피조물입니다. 창조자가 아니기에 생명의 주인이 될 수 없습니다. 하나님께서 목적과 뜻을 가지고 인간을 만드셨기에, 인간은 만드신 이의 뜻을 좇는 삶을 살아야 합니다. 이러한 삶을 살아가도록 하나님께서는 인간을 당신의 형상대로 지으셨습니다. "하나님이 자기 형상 곧 하나님의 형상대로 사람을 창조하시되 남자와 여자를 창조하시고"(창 1:27). 이 형상으로 인해서, 인간은 생각하고 만들어 내며 관계를 맺으면서 그분의 뜻을 이루면서 살아갑니다. 인간은 자기 자신이나 피조 세계를 숭배하지 않고, 창조주를 예배하며 맡겨진 세계를 돌보는 청지기로 살아가야 합니다.

인간의 지식과 능력은 크지만 한계가 있으며, 그 한계가 우리를 겸손으로 이끕니다. 피조물로서 우리는 하나님이 주신 세계를 돌보고 질서를 따라서 살아야 하는 책임이 있습니다. 우리의 생명과 호흡, 재능과 시간은 모두 하나님께 받은 선물입니다. 그렇기에 피조물인 우리는 스스로 기준을 만들기보다, 하나님의 말씀을 삶의 기준으로 삼아야 합니다. 결국 '내가 지음을 받은 피조물'이라는 고백은 나 자신을 드러내는 삶이 아니라, 창조주 하나님을 인정하고 의지하는 삶으로 드러납니다.

여행 중에 장엄한 계곡을 보면서 가슴 벅찬 감정이 밀려왔습니다. 이때 바람직한 태도는 무엇인가요?

① '자연이 곧 신이다!' 이 고백과 함께 소원을 빈다.

② 기념으로 돌멩이를 부적처럼 가져온다.

③ 멋진 계곡을 만드신 창조주 하나님께 감사 기도를 하고, 계곡 한편의 쓰레기를 봉투에 담아서 가져온다.

④ 큰 바위에 내 이름과 날짜를 새겨 넣는다.

2. 인간, 유한성과 의존성의 존재(Finiteness and Dependence)

인간이 어떠한 존재인가? 인간은 하나님과 달리, 시작과 끝이 있는 유한한 존재입니다. 인간은 신체와 정신과 시간과 지식과 능력에 있어서 명백한 한계를 지닙니다('유한성'). 이 한계가 창조주와 피조물이 구별됨을 보여줍니다. 일찍이 신학자 칼 바르트(Karl Barth)는 철학자 키에르케고르(Soren Kierkegaard)를 인용하면서 피조물과 창조주 사이의 이 구별을 가리켜서 '무한한 질적 차이'라고 칭했습니다. 우리가 알아야 하는 것은 유한성이 인간에게 결함이 아니라, '하나님께서 주신 질서'라는 사실입니다('하나님을 바라보며 살아가는 질서'). 인간은 생명과 호흡을 스스로 만들지 못하고 하나님께서 주시는 것을 받기에, 하나님을 의존하며 살아갈 수밖에 없습니다. 따라서 인간에게 '어제'와 '오늘'과 '내일'은 모두 하나님의 선물입니다. 어제는 하나님께서 이미 주신 선물이고, 오늘은 하나님께서 주시는 선물이며, 내일은 하나님께서 주실 선물입니다. 유한성은 인간으로 하여금 감사와 겸손을 배우게 합니다.

또한 인간은 의존적인 존재입니다. 의존성은 우리에게 하나님의 말씀이 나의 삶의 지혜가 됨을 일깨워줍니다. '의존성'이라는 한계를 인정할 때, 인간은 나를 만드신 하나님을 찾되, 성심으로 찾게 됩니다. 의존성을 인정하는 사람은 '스스로 충분하다'는 착각을 내려놓고, 매일의 삶을 하나님께 의탁하면서 살아갑니다. 계획을 세우되 '주께서 뜻하시면'이라는 겸손한 단서를 붙이고, 성공과 실패를 모두 하나님의 섭리 안에서 해석하려고 합니다. 이렇듯 삶의 방향을 전적으로 하나님께 맞추면서 살아갑니다. '유한하고 의존적인 존재'라는 이 앎은 '내 삶의 주인이 내가 아니라 하나님이라는 앎'으로 우리를 이끕니다.

큰 성과를 냈습니다. 이때 바람직한 말은 무엇인가요?
① "처음부터 끝까지 내가 해냈습니다!"
② "그냥 운이 좋았을 뿐입니다!"
③ "도와주신 하나님과 함께 일한 동료들께 감사드립니다!"
④ "영광을 하나님께 돌립니다. 이 성과의 기쁨을 동료들과 함께 나누겠습니다!"

3. 인간, 관계적인 존재(Relationality)

인간이 어떠한 존재인가? 인간은 관계적인 존재입니다. 인간은 하나님과 교제하도록 창조되었습니다. 우리는 예배와 기도로 하나님의 사랑에 응답하면서 하나님과 교제합니다. 하나님과의 바른 관계가 다른 모든 관계의 원동력이 됩니다. 이 관계는 우리 인간의 성취로 지켜지는 것이 아니라 하나님의 은혜로 지켜지고 자라가면서 풍성해지는 특성을 갖습니다.

또한 인간은 이웃과의 관계 속에서, 그들과 함께 살아가도록 지음을 받은 존재입니다. 다른 이를 경쟁자로 여기는 것을 넘어서, 나를 확장시켜 주는 삶의 동반자로 여깁니다. 이러한 마인드를 가지고 다른 이들을 존중하고 신뢰합니다. 다른 이들과의 건강한 관계 맺음은 약속을 지키고 진실을 말하며 용서를 실천하는 삶으로 구체화됩니다. 특히 대화의 장이 주어졌을 때 타인의 목소리를 적극적으로 들으면서, 나의 생각도 소신 있게 드러냅니다. 그러면서 함께 머무는 자리를 존중과 신뢰의 공간으로 만들어갑니다.

나아가서 인간은 다른 피조물과 건강한 관계 속에서 살아가야 하는 존재입니다. 땅과 동물과 자원을 바라볼 때 우리는 '이익의 대상'이라는 시각을 넘어서 '함께 살아갈 생명체'라는 시각을 가져야 합니다. 하나님은 우리 인간에게 자연을 맡기시면서, 그것을 '돌보고 지키라'고 말씀하셨습니다. "여호와 하나님이 그 사람을 이끌어 에덴 동산에 두어 그것을 경작하며 지키게 하시고"(창 2:15). 인간은 '우리의 편의'와 함께 다른 피조물들의 '존재의 지속성'도 더불어 고려해야 합니다.

함께 나누어요 ❸

팀 동료와 갈등이 생겼습니다. 관계를 어떻게 회복할 수 있을까요?

① 내가 맞다는 근거를 길게 문자로 보낸다.

② 회사 단톡방에 넌지시 불만을 띄운다.

③ 일대일로 만나서 먼저 그의 얘기를 듣고, 나의 잘못을 인정하고 사과한다.

④ 당분간 모른 척하면서 피한다.

4. 인간, 전인적인 존재(Wholeness)

인간이 어떠한 존재인가? 인간은 몸과 정신으로 이루어진 하나의 단일체입니다. 몸과 정신은 '따로 사는 두 사람'이 아니라, '서로 깊이 연결된 하나의 인격'입니다. 몸의 상태가 생각과 감정에 영향을 주고, 생각과 감정이 몸의 반응을 이끕니다. 이런 맥락에 따라서 예배도 '마음의 고백'과 '몸의 참여'가 함께 어우러질 때 더 온전한 예배가 됩니다. 또한 몸의 아픔과 마음의 불안이 몸과 마음에 함께 영향을 끼치기에, 기도와 말씀과 더불어 치료와 상담을 받으면서 극복해 나가야 합니다.

또한 인간은 '지성과 감성과 의지를 가진 인격체'로서, 이 셋이 함께 작동합니다. 지성은 무엇이 참이고 거짓인지를 분별하고, 감성은 우리 안에서 참됨의 가치를 느끼게 하며, 의지는 참된 길을 선택하게 합니다. 인간은 지성과 감성과 의지를 발전시키면서 하나님과 깊은 교제 가운데로 나아가야 합니다. 신앙인들에게 믿음이 성장한다는 것은 지식만 늘리는 것도 아니고, 감정을 내 방식대로 드러내는 것도 아니며, 나의 의지대로 하고 싶은 것만을 하는 것도 아닙니다. 말씀으로 나의 지성을 밝히고, 예배와 기도로 나의 감정을 정화하며, 순종의 작은 실천으로 나의 의지를 발전시켜 나가야 합니다. 이 세 영역이 균형을 이룰 때, 우리의 믿음이 머리와 가슴과 손에까지 와 닿는 건강한 믿음이 됩니다.

인간이 갖는 이러한 전인적인 특성은 우리로 하여금 말과 생각과 행동의 일치를 추구하게 합니다. 인간은 몸과 정신을 하나님께 드리면서, 나 자신을 그분께서 기뻐하시는 온전한 사람으로 이루어 가는 존재입니다.

함께 나누어요 ❹

지나치게 긴장을 했는지 속이 쓰리고 마음까지 불안합니다. 이때 바람직한 전인적인 대처는 무엇인가요?

① '믿음으로 참고 버티자!' 이러면서 아무 조치도 취하지 않는다.

② 약만 먹고 기도는 하지 않는다.

③ 스트레스를 풀려고 밤새 게임만 한다.

④ 기도와 말씀으로 먼저 마음을 돌본다. 그런 후에 병원에 가서 상담과 진료를 받고 수면과 식사를 조정한다.

5. 인간, 일과 쉼이 함께 필요한 존재(Necessity of Work and Rest)

인간이 어떠한 존재인가? 인간은 일과 쉼이 함께 필요한 존재입니다. 인간에게 일은 '벌'이 아니라 하나님이 맡기신 '소명'입니다. 일은 하나님이 나에게 주신 재능과 시간을 활용하면서, 세상을 돌보고 가꾸어가는 방식입니다. 이런 점에서 볼 때 인간에게 일은 단순히 생계를 위한 돈벌이를 넘어서, 이웃을 섬기고 하나님의 창조 질서에 참여하는 행위입니다. 따라서 어떤 일을 하는지와 보수의 많고 적음에 상관없이, 모든 정직한 일은 하나님 앞에서 존귀합니다. 우리는 정직과 성실로 일하면서, 일터에서의 삶을 하나님 사랑과 이웃사랑의 통로로 삼아야 합니다.

그러나 인간은 그 유한성으로 인해서, 계속 일만 할 수 없습니다. 이러한 유한성을 잘 아시기에 하나님께서 인간에게 쉼을 선물로 주셔서 몸과 마음을 회복하게 하셨습니다. 쉼과 안식은 게으름이 아니라, 하나님을 신뢰하기에 잠깐 그 자리에 멈추는 훈련입니다. 어떻게 쉼을 진정한 회복의 장으로 삼을 수 있을까요? 신앙인들은 쉼을 예배와 성찰의 시간으로 채워야 합니다. 그럴 때 그 쉼이 진정한 회복의 장이 될 수 있습니다.

일과 쉼 사이에 균형이 이루어질 때, 생각이 맑아지고 창의성도 살아납니다. '무리한 과로'는 우리를 소진시키고, '쉼이 없는 성취'는 기쁨을 빼앗아갑니다. 반대로 쉼만을 추구하면, 재능이 묻히고 삶의 방향을 잃게 됩니다. 그러므로 하루와 한 주와 계절의 변화 속에서 일과 쉼을 균형 있게 배치하는 것이 중요합니다. 이렇게 일과 쉼 사이에서 균형 잡힌 삶을 살아갈 때 나 자신을 건강하게 세우며, 맡겨진 자리를 더 아름답게 가꾸어 갈 수 있습니다.

팀원이 아침에 갑자기 '힘들어서 하루 쉬어야겠다'고 얘기합니다. 이때 리더로서 바람직한 반응은 무엇인가요?
　① 근성이 부족하다고 야단친다.

② 알아서 하라고 하면서 방치한다.
③ 뭐가 힘든지, 꼬치꼬치 캐묻는다.
④ 업무 재배치와 회복의 계획을 함께 세운다.

6. 인간, 자유와 책임의 존재(Freedom and Responsibility)

인간이 어떠한 존재인가? 인간은 자유와 책임의 존재입니다. 하나님께서 인간에게 자유를 주셨습니다. 인간에게 자유는 '하고 싶은 대로만 하는 힘'이 아니라, '선을 선택할 수 있는 도구'입니다. 우리는 매일 생각과 말과 행동을 선택하면서, 나 자신을 만들어 갑니다. 반복된 선택 속에서 나 자신이 만들어집니다. 주어진 환경 속에서 나의 자유를 가지고 어떤 선택을 하느냐에 따라서 우리의 인격이 만들어집니다. 욕심으로 이끌리는 선택은 자유를 왜곡하고, 진리로 이끌리는 선택은 자유를 빛나게 합니다.

이 자유에는 언제나 책임이 수반됩니다. 책임이란 나의 선택의 결과를 짊어지면서, 이웃과 공동체에 미치는 영향까지를 헤아리는 것입니다. 성경은 '자유를 사랑의 기회로 삼으라'고 가르칩니다. "형제들아 너희가 '자유'를 위하여 부르심을 입었으나 그러나 그 자유로 육체의 기회를 삼지 말고 오직 '사랑'으로 서로 종노릇하라"(갈 5:13). 나아가서 권리만 주장하지 않고 의무와 약속을 지킬 때, 자유는 공동선을 세우는 데 기여하게 됩니다. 신자는 하나님 앞에서 이웃을 살리는 길을 선택하면서, 자신의 자유를 아름답게 펼쳐가는 사람입니다.

함께 나누어요 ❻

팀 보고서에서 나의 실수로 오류가 생겼습니다. 이때 책임 있는 선택은 무엇인가요?
① 조용히 숨긴다.

② 동료 탓으로 돌린다.
③ 잘못을 인정하면서, 재발 방지안을 제시한다.
④ 상사가 모르기를 기도한다.

7. 인간, 죽음의 두려움을 소망으로 바꾸는 존재
(Turning Fear of Death into Hope)

인간이 어떠한 존재인가? 인간은 하나님과 달리 유한한 존재이기에 언젠가 죽음을 맞습니다. 시간이 흐르면서 우리의 몸이 쇠하여가면서 죽음을 맞을 수밖에 없습니다. 성경은 타락 이후에 인간이 죽음의 권세 아래 살게 되었다고 말씀합니다. "…한 사람으로 말미암아 죄가 세상에 들어오고 죄로 말미암아 사망이 들어왔나니 이와 같이 모든 사람이 죄를 지었으므로 사망이 모든 사람에게 이르렀느니라"(롬 5:12).

죽음 앞에서 인간은 두려움과 허무, 이별의 아픔을 느낍니다. 그러나 이 두려움은 우리에게 삶의 방향을 성찰하게 만드는 '경고음'이 될 수 있습니다. 복음은 예수 그리스도의 죽음과 부활로 죽음의 권세가 꺾였다고 선포합니다. 신자는 '나의 생명과 죽음이 하나님의 손 안에 있다'는 믿음으로 죽음에 대한 두려움을 극복할 수 있습니다.

죽음을 준비하는 믿음은 하나님과의 화해를 귀하게 여기면서, 감사와 용서를 선택하도록 그 사람을 이끕니다. 이 믿음의 삶이 소망으로 이어집니다. 어떤 소망입니까? 죽음이 끝이 아니라 부활로 이어진다는 소망입니다. 따라서 성도는 죽음 앞에서 두려워하되, 소망 없는 자처럼 두려워하지 않습니다. 단지 우리에게 주어진 날을 헤아리면서, 오늘이라는 시간을 지혜롭게 선용할 뿐입니다. '죽을 수밖에 없는 인간 존재'라는 이 앎은 우리를 겸손과 경외로 이끌면서, 하나님께 나의 미래를 의탁하도록 만듭니다.

장례식장에서 가족의 죽음 앞에서 크게 슬퍼하는 신자를 보았을 때, 어떤 태도를 가져야 하나요?

① 아무 감정도 드러내지 않는다.

② 큰 소리로 '슬픔을 믿음으로 극복하라'고 다그친다.

③ 슬픈 분위기를 바꾸기 위해서, 농담을 건넨다.

④ 함께 슬퍼하되, 그 슬픔 안에 말과 행동으로 천국 소망과 부활 소망을 살포시 담아낸다.

세상이 '성공한 인간'을 어떻게 정의하고 있나요? '인간에 대한 세상의 정의'와 '내가 신앙 안에서 품고 있는 인간다움' 사이에 어떤 차이가 있나요?

지금까지 "인간은 어떠한 존재인가"라는 주제로 성경 공부를 하였습니다. 성경 공부를 통해서 깨달은 점이나 마음에 남은 은혜나 새롭게 얻은 통찰을 간단하게 적어 보시기 바랍니다. 이 기록이 앞으로 하나님과 함께 걸어갈 믿음의 여정을 새롭게 준비하는 소중한 흔적이 될 것입니다.

예시

성경 공부를 통해서 인간이 단순히 생물학적 존재를 넘어서, 하나님께 지음을 받은 존귀한 피조물임을 깨닫게 되었습니다. 그리고 삶의 모든 순간에 하나님의 형상대로 살아가야 한다는 책임감과 은혜의 부르심을 동시에 느꼈습니다. 특히 유한성과 의존성을 인정하면서, 수많은 사람들과의 관계 속에서 사랑과 책임을 실천해야 할 존재임을 되새기게 되었습니다. 앞으로 죽음까지도 소망으로 바라보면서, 주어진 삶을 겸손하게 살아갈 것을 다짐합니다.

2부

진리의 시선
지평 넓히기

6과. 하나님의 은혜와 인간의 책임

1. 하나님의 선택과 신자의 응답
2. 하나님의 은혜의 통로가 되는 신자의 책임
3. 믿음과 행함
4. '코람 데오'의 태도
5. 죄의 유혹과 회개
6. 성령의 열매의 통로가 되는 신자의 경건 훈련
7. '값싼 은혜'도 아닌, '율법주의'도 아닌

6과. 하나님의 은혜와 인간의 책임

'하나님의 은혜인가, 인간의 책임인가?' 이 물음 앞에서 철학자는 자유의지와 도덕의무를 말하면서 인간의 책임만을 강조합니다. 종교학자는 하나님의 은총을 말하면서, 그 은총이 도덕을 무너뜨리면 값싼 은혜가 된다고 경계합니다. 심리학자는 우리의 선택이 환경과 습관과 감정의 영향 아래 있으니, 책임지는 선택을 훈련해야 한다고 말합니다. 기독교 역사가는 부흥의 현장마다 '하나님의 주권적인 은혜'와 '인간의 회개와 순종의 결단'이 함께 있었다고 얘기합니다.

'하나님의 은혜인가, 인간의 책임인가?' 이 질문에 대해서 성경은 뭐라고 얘기할까요? 성경은 이 둘을 분리하지 않습니다. 은혜가 먼저이며 그 은혜가 책임 있는 응답을 낳는다고 가르칩니다. "너희가 나를 택한 것이 아니요 내가 너희를 택하였다"는 선언과 "두렵고 떨림으로 너희 구원을 이루라"는 권면이 성경 속에 함께 있습니다. 성경이 가르쳐주듯이, 우리의 신앙생활은 '은혜로 시작해서 은혜로 계속되는 삶이되, 책임으로 응답하는 삶'입니다. 오늘도 은혜로우신 하나님께서 우리를 부르시기에, 우리는 그 은혜 앞에 이렇게 대답합니다. '주님, 제가 여기 있습니다. 저에게 무엇을 원하십니까?' "12 그러므로 나의 사랑하는 자들아 너희가 나 있을 때뿐 아니라 더욱 지금 나 없을 때에도 항상 복종하여 두렵고 떨림으로 너희 구원을 이루라 13 너희 안에서 행하시는 이는 하나님이시니 자기의 기쁘신 뜻을 위하여 너희에게 소원을 두고 행하게 하시나니"(빌 2:12-13).

[함께 생각하기]

오늘, 나에게 먼저 다가오신 하나님을 떠올립니다. 내가 하나님을 찾은 줄 알았지만, 사실은 하나님께서 나를 찾아오셔서 나의 이름을 불러 주셨습니다. 그 부르심 앞에서 나는 조용히 '예'라고 말했고, 이 한 마디가 나의 길을 바꾸어 놓았습니다. 은혜는 나를 가만히 두지 않습니다. 나로 하여금 고개를 들게 하고, 작은 사랑을 향해서 한 걸음씩 한 걸음씩 내딛게 합니다. 믿음은 마음속의 생각이 아니라, 손과 발로 흘러가는 숨결입니다. 하지만 나는 내 힘으로는 오래 걷지 못하는 사람임을 인정합니다. 이것을 겸허하게 인정하면서, 하나님의 얼굴을 떠올리며 속으로 짧게 기도합니다. "주님, 저의 걸음걸음을 이끌어 주십시오." 이 기도를 올려드리면서, 삶의 자리에서 정직을 실천할 것과 사람을 살리는 위로의 말을 전하면서 살아갈 것을 다시금 다짐해 봅니다. 이 다짐과 함께, 나를 불러주신 하나님의 은혜를 기억하면서 이 고백까지 올려드립니다. "주님, 제가 여기 있습니다. 일상에서 작은 것부터 순종하게 하옵소서."

1. 하나님의 선택과 신자의 응답(Choice and Response)

기독교는 선택을 중요시하는 종교입니다. 내가 지금 신앙생활을 하는 근본 원인이 나의 선택에 있지 않고 하나님의 선택에 있다고 선언합니다. 성경에 이 사실이 가득 들어차 있습니다. 하나님께서 아브라함을 선택하셔서 그를 믿음의 조상으로 삼아주셨습니다(창 12장). 모세를 선택하셔서 출애굽의 지도자로 삼아주셨습니다(출 3장). 바울을 선택하셔서 이방인들 중심의 복음 전도사역을 감당케 하셨습니다(행 9장). 성경을 보면서 우리는 '선택과 응답'이라는 주제를 떠올리게 됩니다. 하나님께서 누군가를 선택하셨고 그가 하나님의 선택에 신실하게 응답했기에, 그가 하나님의 사람으로 살아갈 수 있었음을 봅니다.

하나님의 선택은 인간의 공로나 우연에 기인하지 않고, 그분의 주권적인 사랑과 목적에 기인합니다. 하나님의 선택 앞에서 인간은 올바르게 응답해야 하는 존재입니다. 사무엘은 하나님의 선택에 "말씀하옵소서 주의 종이 듣겠나이다"라고 응답함으로써(삼상 3:10), 그의 전 생애 동안에 위대한 제사장, 선지자, 사사의 사명을 감당할 수 있었습니다. 이사야 선지자도 하나님의 영광을 목격한 후에 "내가 여기 있나이다 나를 보내소서"라고 응답함으로써(사 6:8), 위대한 선지자의 사명을 감당할 수 있었습니다. 마리아도 이해를 넘어서는 하나님의 약속 앞에서 "주의 여종이오니 말씀대로 내게 이루어지이다"라고 믿음으로 응답했습니다(눅 1:38). 예수님의 제자들도 '나를 따르라'는 부르심 앞에 순종으로 응답하면서 예수님을 따라나섰습니다. 하나님의 선택에 대한 그들의 응답이 그들의 삶의 우선순위를 새롭게 재편하도록 만들었습니다. 결론적으로 이렇게 얘기할 수 있습니다. "하나님의 선택은 특권의 울타리가 아니라 세상을 향해서 복의 통로가 되라는 소명이다."

함께 나누어요 ❶

다음 중 '하나님의 선택과 신자의 응답'에 맞는 것은 어떤 것인가요?
① 내가 시작하고 내가 완성한다.
② 하나님의 선택과 신자의 응답은 각각 별개다.
③ 하나님의 선택과 신자의 응답은 상황에 따라서 유동적이다.
④ 하나님이 '먼저' 행하시고, 나는 책임 있게 '예'라고 응답한다.

2. 하나님의 은혜의 통로가 되는 신자의 책임
(Responsibility of Believers)

하나님은 은혜로우신 분입니다. 당신의 은혜를 즐겨 베푸시는 분입니다. 하나님께서 당신의 은혜를 언제 베푸실까요? 신자의 책임이 있는 응답을 보시면서 은혜를 베푸십니다. 즉 신자가 믿음으로 신실하게 응답하는 것이 하나님의 은혜의 통로가 됩니다. 요셉의 삶이 여기에 속했습니다. 형들의 음모로 아버지의 품을 떠나서 이집트에 노예로 팔려 왔습니다. 한순간에 아버지에게 사랑받는 아들에서 낯선 땅에서 노예의 신분으로 전락했습니다. 그 절망의 순간에 그는 하나님을 경외하는 믿음을 가슴에 품었습니다. 성경은 하나님께서 경외의 믿음을 움켜쥔 요셉과 함께 하셨다고 기록합니다. "2 여호와께서 요셉과 함께 하시므로 그가 형통한 자가 되어 그의 주인 애굽 사람의 집에 있으니 3 그의 주인이 여호와께서 그와 함께 하심을 보며 또 여호와께서 그의 범사에 형통하게 하심을 보았더라"(창 39:2-3). 요셉이 그 순간에 하나님 경외의 믿음을 품은 것은 하나님의 부르심에 대한 신실한 응답이었습니다. 하나님은 요셉의 신실한 응답을 보시면서 그에게 깊은 은혜를 베푸셨습니다.

책임을 다하는 신자의 신실한 응답이 하나님의 은혜의 통로(means of grace)가 됩니다. 하나님은 믿음으로 응답하는 자에게 큰 은혜를 흘려보내십니다. 은혜 베푸시는 하나님으로 인해서 요셉은 가정과 감옥, 더 나아가서 온 나라에 이르기까지 수많은 사람들을 살려내는 사람이 될 수 있었습니다. 성경은 "여호와의 눈은 온 땅을 두루 감찰하사 전심으로 자기에게 향하는 자를 위하여 능력을 베푸신다"고 증언합니다(대하 16:9). 신자에게 책임은 '하나님과의 거래'가 아니라 '하나님과의 관계'입니다. 우리가 책임감을 가지고 하나님의 나라와 의를 구할 때, 하나님께서 은혜를 더욱 넓게 펼쳐내실 것입니다.

"신자에게 책임은 '거래'가 아니라 '관계'이다." 다음 중 이 명제에 맞는 기도는 무엇인가요?

① "하나님, 제가 이것을 했으니 이제 저의 기도를 들어주세요!"

② "하나님, 죄송합니다. 이번만 눈감아 주세요!"

③ "주님을 사랑하기에 부족하지만 순종합니다. 저의 삶을 이끌어

3. 믿음과 행함(Faith and Deeds)

기독교는 믿음을 중요시하는 종교입니다. '믿음으로 의롭다 하심을 받는다!' '믿음으로 구원을 받는다!' 믿음은 단순한 동의나 감정은 아닙니다. 믿음은 살아 계신 하나님께 나 자신을 맡기는 신뢰입니다. 그런데 이 신뢰는 마음에만 머물지 않습니다. 말과 선택과 습관으로 흘러나와서 삶을 바꿉니다. 하나님과의 관계적 신뢰가 행동으로 드러나는 것이 믿음입니다. 즉 믿음은 '명사의 성격'이 아니라, '동사의 성격'을 갖습니다. 우리의 믿음이 살아 움직이면서 하나님을 기쁘시게 하고, 다른 이들에게 유익을 끼치는 행동으로까지 나아갑니다. 일찍이 믿음이 갖는 이 동사의 성격을 야고보 사도는 다음과 같이 얘기했습니다. "영혼 없는 몸이 죽은 것 같이 행함이 없는 믿음은 죽은 것이니라"(약 2:26).

나아가서 믿음은 하나님의 약속을 붙들고 오늘의 자리에서 순종하는 형태를 띱니다. 아브라함이 이삭을 드리는 것을 보면서 "믿음이 그의 행함과 함께 일하고 행함으로 믿음이 온전케 되었다"는 야고보의 해석이 이것을 보여 줍니다(약 2:21-22). 라합이 정탐꾼을 숨긴 사건도 믿음이 현실에서 용기로 나타난 사례입니다(약 2:25). 행함은 '구원의 조건'이 아니라, 구원받은 자에게서 자연스럽게 맺히는 '열매'입니다. 참된 믿음은 보이지 않는 뿌리가 되어서, 그 뿌리에서 '선한 행실'이라는 열매를 맺습니다. 하나님의 은혜의 기반 위에 세워진 믿음은 사랑으로 역사하는 믿음이 됩니다(갈 5:6).

결론적으로 다음과 같이 얘기할 수 있습니다. "믿음과 행함은 경쟁 관계에 있지 않다. 신자에게 믿음과 행함은 하나님의 은혜 안에서 서로를 증명하고 성숙하게 하는 동반자 역할을 한다."

'믿음은 명사가 아니라 동사이다.' 다음 중 이 명제에 맞는 것은 무엇인가요?

① 믿음은 생각만 깊어지는 것이다.
② 믿음은 감정만 뜨거워지는 것이다.
③ 믿음은 하나님의 약속을 신뢰하면서 순종으로 나아가는 것이다.
④ 믿음이 좋으면 논쟁할 때마다 반드시 이긴다.

4. '코람 데오'의 태도(Coram Deo)

우리 신앙인들은 나를 선택하신 하나님의 은혜에 감사하면서 순간순간을 신실하게 살아가는 사람들입니다. 이런 삶을 살아감에 있어서 신자가 품어야 하는 태도가 있습니다. '코람 데오'의 태도입니다. 코람 데오는 '하나님의 임재 앞에서, 하나님의 영광을 위해서 사는 삶'을 의미합니다. 즉 삶의 자리 모든 곳에서 항상 하나님을 의식하면서 살아가는 삶이 코람 데오입니다. 코람 데오는 신자에게 주일 예배 시간만이 아니라 평일의 작은 선택과 말 한마디까지 예배가 되게 하는 자세를 갖도록 합니다. 사람의 눈이 아니라 하나님의 눈을 의식하기에, 아무도 보지 않는 자리에서도 정직과 순결을 기꺼이 선택합니다. 일과 학업과 가사노동을 포함한 모든 일을 주께 하듯 성실히 감당합니다.

다른 이들과 대화를 할 때도 그 대화 가운데 하나님께서 계신다고 여기기에, 다른 이들의 목소리를 경청합니다. 신중하게 생각한 나의 말을 경박스럽지 않게 그들에게 건넵니다. 혀를 삼가고 마음을 지키는 것입니다. 고난이 찾아올 때도 하나님이 가까이 계심을 확신하면서, 경거망동하지 않습니다. 강제로 이런 삶을 사는 것이 아니라, 하나님의 임재의 기쁨에서 우러나는 자발성으로 이런 삶을 살아갑니다. 신자는 하루를 시작하고 마칠 때 "주님, 나로 하여금 당신의 얼굴 앞에서 살게 하소서!" 이렇게 기도하면서 나 자신을 가다듬는 사람입니다.

5. 죄의 유혹과 회개(Temptation of Sin and Repentance)

우리의 삶은 환경과 밀접한 관계가 있습니다. 나의 삶이 환경을 만들어 내기도 하지만, 환경이 나의 삶에 영향을 끼치기도 합니다. 우리가 살아가는 환경이 어떻습니까? 우리를 둘러싼 환경이 쉽게 신앙인답게 살아가도록 세팅된 환경은 아닙니다. 여러 가지 유혹의 환경에 노출되어서 살아가는 것이 우리 신앙인들의 현실입니다. 유혹은 대개 거창하게 다가오지 않습니다. 누군가와의 비교, 내 안의 탐욕, 즉흥적인 감정이 만드는 미세한 기울기에서 유혹이 시작됩니다. 종종 유혹은 '한 번쯤은 괜찮다'는 합리화의 언어로 자신을 포장하기도 합니다. 나아가서 피로와 외로움과 분노와 허영이 겹칠 때 마음의 경계선이 약해지면서, 유혹에 넘어갈 때도 있습니다.

우리는 죄의 유혹은 숨겨질수록 자라고, 드러낼수록 약해진다는 진리를 잊지 말아야 합니다. 때로는 그 자리를 벗어나는 것이 유혹을 차단하는 신실한 선택이 되기도 합니다. 신자에게 유혹의 통로를 차단하면서 현장을 재구성하는 것은 '회피'가 아니라 '책임'입니다.

그럼에도 넘어졌다면, 미루지 말고 즉시 하나님 앞에서 나의 죄를 인정하고 회개해야 합니다. 수치는 숨게 만들지만, 복음은 드러내게 하면서 '숨김'

대신 '직면'을 선택하도록 우리를 이끕니다. 회개는 감정의 슬픔을 넘어서는 방향 전환입니다. 하나님은 인자하신 분으로서, 당신께로 방향을 전환하면서 상한 심령으로 통회하고 자복하는 자를 외면하지 않으십니다. "여호와는 마음이 상한 자를 가까이 하시고 충심으로 통회하는 자를 구원하시는도다"(시 34:18).

때로는 유혹에 넘어졌을 때 신뢰할 수 있는 동역자에게 고백하고 그의 권면을 구하는 것도 하나님의 지혜입니다(히 3:13). 그런 후에 혹시라도 다시 죄의 유혹에 넘어갔을 때는 즉시 "만일 우리가 우리 죄를 자백하면 그는 미쁘시고 의로우사 우리 죄를 사하신다"는 약속을 붙들고 다시 시작하면 됩니다(요일 1:9). 유혹이 반복된다면, 회개와 돌이킴도 반복되어야 합니다. '그때마다의 넘어짐'을 '그때마다의 돌이킴'으로 가져갈 때, 믿음이 성장할 수 있습니다.

일상 중에 언제 죄의 유혹이 찾아오기 쉬울까요?

① 갑작스럽게 위기를 맞았을 때 유혹이 찾아오기 쉽다.

② 논쟁에서 진 후 감정이 상했을 때 유혹이 찾아오기 쉽다.

③ 일상에서 자주 유혹을 경험한다.

④ 함께 있을 때보다, 혼자 있을 때 유혹이 찾아오기 쉽다.

6. 성령의 열매의 통로가 되는 신자의 경건 훈련(Spiritual Discipline)

신자의 성숙한 믿음은 성령의 열매로 드러납니다. 신자의 믿음은 성령의 열매를 맺는 삶으로 귀결됩니다. 이때 경건 훈련은 우리가 성령의 역사에 나 자신을 참여시키는 은혜의 수단이 됩니다. 성령의 열매를 맺기 위해서 신자가 힘써야 하는 경건 훈련에 무엇이 있을까요?

첫째, '침묵하는 습관'입니다. 하루에 10분 정도의 시간을 내서, 조용히 하나님의 임재 가운데 머무는 습관을 들이시기 바랍니다. 이 작은 침묵의 습관이 생각과 말과 선택을 단순하게 하면서 성령의 음성에 민감하도록 나를 이끌어 갑니다. 나를 내려놓고 주님 앞에 머무는 습관이 쌓이면서, 내 안에 '충성'과 '오래 참음'과 '양선'(마음의 선한 성품)의 열매가 맺혀져 갑니다.

둘째, '금식 기도'입니다. 금식 기도는 나의 욕구를 내려놓고 하나님께 집중함으로 흩어진 마음을 고요하게 하여서, 불안과 초조 대신 하나님의 평강에 머물도록 합니다. 또한 금식 기도 중에 음식의 충동을 절제하는 작은 순종이 반복되면서 '절제의 근육'이 자랍니다. 금식 중에 초조함과 원망의 감정을 감사로 바꾸면서 나의 심령 가운데 화평이 자리하게 됩니다. 이 내적 화평이 관계적이고 사회적인 화평으로 확장됩니다.

셋째, '용서의 습관'입니다. 용서는 내가 하나님께 용납받았음을 기억하는 것에서 시작됩니다. 하나님께 용납됐음을 기억하면서 억울함을 하나님께 맡기면, 억울함의 매듭이 풀리면서 다시금 내 안에 사랑이 자리를 잡습니다. 상대의 잘못을 축복기도로 바꾸는 작은 순종이 반복되면서, '자비와 온유의 근육'이 자라갑니다. 그렇게 내 안에 자란 사랑과 자비와 온유의 열매가 또 하나의 씨앗이 돼서 공동체 안에 사랑이 넘쳐흐르게 됩니다.

넷째, 소그룹에서 믿음의 동료들과 나누는 '교제'입니다. 소그룹에서 서로 마음을 주고받고, 말씀으로 권면하며, 삶을 정직하게 주고받는 교제는 흩어진 마음을 모아 성도의 심령 안에 기쁨과 화평이 자리하게 만듭니다. 매주 갖는 소그룹 모임에서 나의 연약함의 고백이 반복되면서, 비교와 불신이 누그러지고 '기쁨과 화평의 근육'이 자라갑니다. 그렇게 자란 기쁨과 화평의 열매가 또 하나의 씨앗이 돼서 공동체 안에 새로운 이들을 품는 따뜻한 환대의 문화가 생겨납니다.

7. '값싼 은혜'도 아닌, '율법주의'도 아닌(No Cheap Grace, No Legalism)

　하나님의 은혜는 성도의 신앙생활의 기둥입니다. 하나님의 은혜는 '값없는 선물'일 뿐, '값싼 은혜'는 아닙니다. 그리스도의 보혈이라는 '값 위에 깊게 뿌리내린' 은혜입니다. 하나님의 은혜가 십자가의 희생으로 입증되었기에, 진정으로 은혜를 입은 자는 그 은혜 앞에 경외하는 마음을 갖습니다. 그러면서 이 은혜를 가볍게 여기게 않습니다. 또한 하나님의 은혜는 '율법주의'로도 귀결되지 않습니다. 율법주의는 하나님을 기쁘시게 하려는 마음을 자기 공로 쌓기로 바꾸면서, 은혜를 변질시킵니다. 하나님의 은혜는 방종에서도 성도를 자유케 하고, 율법주의의 속박에서도 성도를 자유케 합니다.

　하나님의 은혜를 기억하는 성도는 일상에서 정직과 절제와 나눔으로 응답하면서 복음의 향기를 드러냅니다. 그는 다른 이를 대할 때 잣대를 들이대기보다, 오래 참으면서 그를 세워 줍니다. 그의 삶은 조용하지만 분명한 방식으로 하나님의 성품을 드러냅니다. 보이지 않는 자리에서도 성실함으로 살아가며, 받은 은혜가 이웃에게 흘러가도록 자신을 통로로 내어드립니다. 신자는 '그리스도의 보혈의 값 위에 선 자답게' 자유로우면서도, 책임 있게 살아가는 사람입니다.

함께 나누어요 ❼

다음 중 '값없는 선물'인 하나님의 은혜 앞에서 신자가 취해야 하는 올바른 반응은 무엇인가요?

① 죄를 대수롭지 않게 여기고 가볍게 행동한다.

② 스스로 더 노력하면서 하나님의 사랑을 얻으려 한다.

③ 그 은혜에 감격하여 하나님을 경외하는 삶을 살아간다.

④ 하나님께 받은 은혜를 사람들 앞에서 자랑하면서 우쭐댄다.

함께 나누어요 ❽

하나님의 은혜를 귀하게 여기고, 나아가서 신자로서 책임을 소홀히 하지 않기 위해서, 나의 삶에 어떤 균형이 필요하다고 느끼시나요?

지금까지 "하나님의 은혜와 인간의 책임"이라는 주제로 성경 공부를 하였습니다. 성경 공부를 통해서 깨달은 점이나 마음에 남은 은혜나 새롭게 얻은 통찰을 간단하게 적어 보시기 바랍니다. 이 기록이 앞으로 하나님과 함께 걸어갈 믿음의 여정을 새롭게 준비하는 소중한 흔적이 될 것입니다.

예시

성경 공부를 통해서 하나님의 은혜와 인간의 책임이 결코 분리될 수 없는 신앙의 두 축임을 깊이 깨달았습니다. 은혜는 값없이 주어졌지만, 그 은혜에 대한 나의 응답은 반드시 삶으로 드러나야 한다는 사실이 마음에 남습니다. 그리고 믿음이 손과 발로 살아내야 하는 실제임을 다시금 가슴에 되새기게 되었습니다. 이제는 일상에서 작은 순종과 정직한 실천으로 하나님께 신실하게 응답하는 삶을 살고 싶습니다.

2부

진리의 시선
지평 넓히기

7과. 복음과 율법

1. 율법이 무엇인가?

2. 율법은 어떤 기능을 가지고 있는가?

3. 복음이 무엇인가?

4. 복음과 율법이 서로 배타적인가?

5. 복음과 율법이 어떻게 조화를 이룰 수 있는가?

6. 사랑, 율법의 완성

7. '율법주의'도 아닌, '방종'도 아닌

7과. 복음과 율법

1. 율법의 본래 의도와 기능이 무엇인지를 배운다.
2. 복음이 율법의 참된 목적을 완성한다는 것을 깨닫도록 한다.
3. 율법주의와 방종의 두 극단을 분별하고 경계하도록 한다.
4. 믿음과 사랑 안에서 기쁨으로 순종하는 삶을 살 것을 결단하도록 한다.

신앙인들 중에서 종종 이렇게 질문하는 이들이 있습니다. '믿음으로 구원받는다고 하는데, 율법은 더 이상 필요 없는 것인가?' '율법을 지키지 않으면 하나님께서 책망을 하시는가?' 이런 불안 속에서 살아가는 이들도 있습니다. 복음과 율법은 마치 서로 반대편에 서 있는 개념처럼 느껴질 때가 많습니다. 복음은 자유를 말하고, 율법은 규율을 말하니, 이 둘을 어떻게 함께 받아들여야 할지 혼란스러울 때가 있습니다. 그런데 성경은 복음과 율법이 서로 충돌하지 않음을 분명히 가르칩니다. 율법은 하나님의 거룩하심을 드러내고, 복음은 그 거룩하심에 이르게 하는 하나님의 은혜로 우리를 초대합니다. 율법은 우리로 하여금 죄를 자각하게 만들고, 복음은 그 죄에서 해방시키는 구원의 길을 엽니다. 그렇기 때문에 신앙인들은 복음도 배제하면 안 되고, 율법도 배제하면 안 됩니다. 복음과 율법의 관계를 바르게 이해할 때 우리는 신앙의 균형을 잡고, 자유와 순종이 함께하는 신앙생활을 감당할 수 있습니다. "내가 율법이나 선지자를 폐하러 온 줄로 생각하지 말라 폐하러 온 것이 아니요 완전하게 하려 함이라"(마 5:17).

[함께 생각하기]

자유롭고 싶어서 복음을 붙들었는데, 어느새 내 마음대로 살아가는 나를 보았습니다. 정직하고 거룩하게 살고 싶어서 율법을 붙들었는데, 내 안에 자꾸만 죄책감만 쌓여갔습니다. 율법은 내 마음을 들여다보는 거울과 같았고, 복음은 그런 나를 감싸 안는 따뜻한 손길과 같았습니다. 복음을 들었을 때 웃었지만, 율법 앞에서는 울었습니다. 그런데 어느 날 복음과 율법이 함께 나를 일으키는 것을 체감했습니다. 복음은 내가 넘어졌을 때 다시 걷게 해 주었고, 율법은 어떻게 살아야 하는지를 가르쳐 주었습니다. 그렇게 내 안에서 복음과 율법이 손을 잡으면서, 처음으로 '기쁨으로 순종하는 삶이 무엇인지'를 깨달았습니다. 사랑이 없으면 율법을 참되게 지킬 수 없고, 복음을 올바르게 이해하지 못하면 책임 있는 자유를 누릴 수 없음을 깨달았습니다. 하나님은 나를 정죄하려고 율법을 주신 것이 아니라, 사랑 안에서 똑바로 걸어가게 하시려고 복음과 함께 주셨습니다. 오늘도 '율법 위에 서고, 복음 안에 머물면서' 사랑으로 살아가기를 소망합니다.

1. 율법이 무엇인가?(Mosaic Law)

기독교는 '믿음으로 구원받는다'는 진리를 강조합니다. 그런데 아쉽게도 이 믿음의 빛 아래에서 율법은 어두운 그림자처럼 여겨질 때가 많았습니다. 율법을 무언가를 '해야만 한다'는 부담감의 대명사처럼 여겼습니다. 이러한 이해 때문에 신앙인들 중에서 율법을 복음과 충돌하는 것처럼 여기는 이들이 많습니다. 신앙 여정 중에 우리는 자주 이러한 극단을 오고 갈 때가 많습니다. 어떤 이들은 율법을 너무 강조하다가 신앙이 '행위 중심'으로 흐르고, 또 어떤 이들은 복음을 강조하면서 율법을 완전히 배제해 버리기도 합니다.

그런데 성경이 처음 율법을 이야기할 때, 그 출발점은 지금의 우리의 이해와는 많이 달랐습니다. 하나님께서 처음에 누구에게 율법을 주셨습니까? 출애굽한 이스라엘 백성에게 율법을 주셨습니다. 그들에게 율법은 '구원받기 위한 조건'이 아니라, '하나님께 선택받은 자로서 어떻게 살아갈 것인가'를 보여주는 삶의 안내서였습니다. 하나님께서 이스라엘 백성들에게 율법을 주실 때, 당신의 성품을 반영하면서 율법을 주셨습니다. '선택받은 하나님의 백성으로 거룩하게 살도록 초대하는 것!' 이것이 율법의 본래 취지였습니다. 율법은 우리를 구원으로 이끄는 사다리가 아니라, 이미 구원받은 자의 삶에 질서와 의미를 부여하는 빛입니다. 율법을 통해서 우리는 하나님의 성품이 무엇인지를 배우면서, 그 성품을 삶 속에서 실현할 수 있습니다.

다음 중 율법에 대한 바른 이해를 가로막는 가장 일반적인 오해는 무엇인가요?

① 율법은 너무 어려워서 일반인은 이해할 수 없다.
② 율법은 유대인에게만 해당이 된다.
③ 율법은 복음과 충돌한다.
④ 율법은 모세가 자기 마음대로 만든 규칙들이다.

2. 율법은 어떤 기능을 가지고 있는가?(Function of the Law)

율법은 단순히 금지 명령이나 의무 조항들의 집합이 아닙니다. 성경은 율법이 여러 가지 중요한 기능을 가진다고 가르칩니다. 첫째, '거울의 기능'입니다. 율법은 우리 안에 있는 죄를 비춰 주고, 하나님의 거룩하심 앞에서 우리의 부족함을 깨닫게 해 줍니다. 율법이 없었다면 우리는 무엇이 죄인지조차 알지 못했을 것입니다. 이 거울은 외면을 비추는 것이 아니라 내면의 상태('생각'과 '동기'와 '의지'의 방향 등)를 비추는 영적 거울입니다. 율법은 우리로 하여금 스스로를 정직하게 직면하게 만들면서, 회개와 겸손으로 나아가도록 도와줍니다.

둘째, '죄를 억제하는 기능'입니다. 하나님의 명령인 율법은 개인적으로는 인간의 악한 본성을 통제하면서, 공동체적으로도 사회적 혼란과 죄의 확산을 막는 역할을 합니다. 외적인 법이 없으면, 자신 안에 있는 욕망을 스스로 절제하지 못하는 존재가 인간입니다. 이때 율법이 개인의 행동을 규율할 뿐 아니라, 공동체 전체의 평화와 질서를 유지하게끔 만듭니다. 이런 점에서 볼 때 율법은 이 땅에서 질서와 정의를 유지하면서 살아가게끔 이끄는 '하나님의 공적 도구'라고 칭할 수 있습니다.

셋째, 하나님의 뜻에 따라서 살아가도록 하는 '지침의 기능'입니다. 율법을 통해서 우리는 무엇이 하나님 보시기에 선하고 아름다운 삶인지를 알게 됩니다. 이러한 면에서 볼 때 율법은 우리를 얽어매는 족쇄가 아니라, 믿음의 여정을 안전하게 걸어가도록 도와주는 울타리입니다. 율법을 통해서 우리는 하나님의 성품을 배우고, 그분의 마음에 따라서 살아가는 길을 발견하게 됩니다. 율법은 삶을 통제하는 것이 아니라, 진정한 자유와 기쁨을 누리게 하는 방향 안내입니다.

다음 중 율법의 기능을 전체적으로 잘 요약한 것은 무엇인가요?
① 엄격한 선생님이 잘못을 지적하면서 숙제를 내주는 장면
② 경찰이 불법을 단속하면서 벌금을 부과하는 장면
③ 아버지가 자녀에게 왜 이것이 옳고 그른지를 설명하면서, 손을 잡고 길을 함께 걷는 장면
④ 경연 프로그램에서 심사위원이 점수를 매기는 장면

3. 복음이 무엇인가?(εὐαγγέλιον)

복음은 종교적 교리이기 이전에 '예수님에 관한 복된 소식'입니다. '복음'(Good News)이라는 말 자체가 '기쁜 소식, 좋은 소식'이라는 뜻을 가지고 있습니다. 이 기쁜 소식의 중심에 예수 그리스도의 삶과 사역, 그리고 죽음과 부활이 있습니다. 예수님은 성령으로 잉태되어 동정녀 마리아에게서 태어나셨습니다('성육신'). 이 땅에서 가난한 자와 병든 자, 죄인들을 찾아가서 하나님의 나라를 선포하셨습니다('공생애 활동'). 그리고 인류의 죄를 대신하여 십자가에서 죽으심으로써, 하나님의 구속 계획을 완성하셨습니다('십

자가 죽음'). 그러나 죽음으로 끝나지 않고, 예수님은 사흘 후에 다시 살아나셨습니다('부활'). 부활하신 예수님은 여러 제자들에게 나타나신 후에 하늘로 올라가셔서, 지금은 하나님 보좌 우편에 계십니다('승천'). 그리고 언젠가 다시 이 땅에 오셔서 심판과 회복의 완성을 이루실 것입니다('재림').

이 예수님의 전 인격과 사역을 믿음으로 받아들일 때, 우리는 하나님의 자녀가 되는 특권을 얻게 됩니다. 이런 점에서 볼 때 복음은 지식이나 감동을 넘어서, 하나님의 능력이 되어 우리 삶을 새롭게 하는 실제적인 힘입니다. 이 복음을 마음에 믿고 삶으로 받아들일 때, 우리는 새 생명 가운데 살아가는 사람이 됩니다. "그런즉 누구든지 그리스도 안에 있으면 새로운 피조물이라 이전 것은 지나갔으니 보라 새것이 되었도다"(고후 5:17). 복음은 과거에 있었던 사건이 아니라, 오늘도 우리 안에서 역사하시는 하나님의 능력입니다. 복음을 받아들인 자는 자신의 정체성과 삶의 목적, 그리고 이웃과 세상을 바라보는 눈이 새로워집니다. 이 복음은 절망 가운데 있는 이에게 소망이 되고, 죄의 굴레 아래 있는 이에게 참된 자유를 주는 실제적인 능력입니다.

> ### 함께 나누어요 ❸
>
> **복음을 마음으로 믿고 받아들일 때 신자에게 나타나는 변화로 옳은 것은 무엇인가요?**
> ① 교회에서 직책을 새롭게 부여받는다.
> ② 더 이상 죄를 짓지 않게 된다.
> ③ 성경에 대해서 관심을 갖게 된다.
> ④ 새로운 피조물로 살아가게 된다.

4. 복음과 율법이 서로 배타적인가?(Exclusivity)

복음과 율법이 겉으로 보기에는 서로 반대되는 것처럼 보일 수 있습니다. 복음은 '은혜'를 강조하고 율법은 '명령'을 강조하다 보니, 서로 충돌하는 개넘처럼 여겨질 수 있습니다. 하지만 성경은 복음과 율법이 서로 모순되거나 적대적이라고 가르치지 않습니다. 바울은 율법이 "거룩하고 의로우며 선하다"고 말했습니다(롬 7:12). 예수님께서도 "율법이나 선지자를 폐하러 온 것이 아니라 완전하게 하려 오셨다"고 선언하셨습니다(마 5:17). 예수님은 율법을 단순히 외적인 규칙이나 의무로 이해하지 않으셨습니다. 산상수훈에서 예수님은 "너희가 들었으나 나는 너희에게 말한다"는 표현을 반복하시면서, 율법을 더 깊은 차원의 마음과 동기, 내면의 순종으로 풀어내셨습니다. 그분은 공생애 기간 중에 몸소 삶으로 율법의 정신과 본질, 곧 하나님의 사랑과 공의를 드러내는 삶을 사셨습니다. 예수님은 율법을 무너뜨리는 분이 아니라, 율법을 온전히 살아내신 분이셨습니다.

복음은 율법을 무효화하거나 폐지하지 않습니다. 예수님은 율법의 본래 의도를 밝히시면서, 율법이 지향하던 바를 몸소 삶으로 성취하셨습니다. 이런 의미에서 복음은 '율법과 무관한 것'이 아니라, '율법의 본래 취지를 완성한 것'입니다. 율법은 우리를 죄에 눈뜨게 하고, 복음은 그 죄에서 우리를 건져내는 하나님의 해답입니다. 율법이 문제를 보여주는 '거울'이라면, 복음은 그 문제를 해결하는 '치료제'입니다. 따라서 다음과 같이 얘기할 수 있습니다. "복음과 율법은 대립 관계에 있지 않고, 은혜 안에서 서로를 밝혀 주는 동반자이다."

복음과 율법에 대해서 사람들이 흔히 갖는 오해에 무엇이 있을까요?
　① 복음은 예수님에 관한 이야기이고, 율법은 모세에 관한 이야기이므로
　　 서로 상관없다.
　② 율법은 구약이고, 복음은 신약이기 때문에 서로 반대된다.
　③ 복음은 은혜를 말하고, 율법은 명령을 말하니 서로 충돌한다.
　④ 복음은 감정적인 것이고, 율법은 이성적인 것이다.

5. 복음과 율법이 어떻게 조화를 이룰 수 있는가?(Matter of "How")

우리는 하나님의 은혜로 복음 되신 예수님을 믿음으로 구원을 받습니다. 하지만 성경이 선포하는 이 진리가 율법의 역할을 무시한다는 뜻은 아닙니다. 칼빈(John Calvin)은 '성화의 도구로서의 율법 사용'을 강조했습니다. 이것은 구원받은 신자가 하나님의 뜻에 따라서 '거룩한 삶을 살아가기 위해서 율법을 지침으로 삼는다'는 의미입니다. 칼빈에 따르면 율법은 더 이상 정죄의 도구가 아니라, 하나님의 자녀로서 어떻게 살아야 하는지를 보여주는 거룩한 안내서가 됩니다. 복음은 우리를 자유롭게 하고, 율법은 그 자유 안에서 우리가 어디로 걸어가야 하는지를 가르쳐 줍니다. 성령께서 우리 안에 내주하시기에, 신자는 억지로가 아니라 기쁨 가운데 하나님의 계명('율법')을 따라서 살아가게 됩니다.

율법은 우리 삶을 옭아매는 족쇄가 아니라, 신자의 걸음을 거룩으로 인도하는 안내서입니다. 복음이 없는 율법은 신자를 절망으로 이끌지만, 복음 안에서의 율법은 신자에게 삶의 방향과 목적을 분명하게 밝혀 줍니다. 신자는 복음을 통해서 하나님의 자녀가 되었고, 율법을 통해서 하나님의 자녀답게 살아가는 길을 배우는 사람입니다. 복음과 율법은 신자 안에서 함께 작동하면서, 신자가 구원받은 후에도 자유와 책임, 은혜와 순종 사이의 균형을 이루면서 살아가도록 도와줍니다.

이처럼 복음은 율법의 정신을 살리고, 율법은 복음의 열매를 삶 속에 맺게 합니다. 율법은 구원받은 후에도 신자의 양심을 일깨우면서, 날마다 하나님의 뜻을 되새기게 하는 거룩한 거울입니다. 우리는 율법을 통해서 하나님의 마음을 배우고, 복음의 은혜 안에서 그분의 뜻을 기쁨으로 실천할 수 있는 용기를 얻게 됩니다. 성화의 길은 하루아침에 완성되지 않습니다. 복음과 율법이 우리 안에서 함께 작동하는 것 없이는 성화의 길에 들어설 수 없습니다. 복음으로 시작된 신자의 삶은 율법 안에서 더욱 온전하고 풍성하게 자라가는 삶입니다.

6. 사랑, 율법의 완성(Fulfillment of the Law)

성경은 분명히 선언합니다. "사랑은 율법의 완성이다"(롬 13:10). 이 선언 앞에서 신자는 어떻게 율법을 완성할 수 있는지를 물어야 합니다. '율법의 조항들 하나하나를 지켜내는 것으로 율법의 정신을 이루어낼 수 있을까?' '그래서 사랑을 온전히 실천할 수 있을까?' 그럴 수 없습니다. 불가능합니다. 수많은 율법 조항들 하나하나에 신경을 쓰다 보면, 그 삶은 '율법주의'로 귀결될 수밖에 없습니다. 율법이 담고 있는 본래의 정신, 곧 하나님과 이웃을 향한 사랑을 실현할 때 율법이 완성됩니다. 사랑은 단순한 감정이 아니라, 행동으로 드러나는 순종의 태도입니다. 따라서 신자에게 그 사랑을 어떻게 구체적으로 실천할 수 있는지를 보여주는 기준이 필요합니다. 그 기준이 무엇일까요? 십계명입니다. 하나님께서 신자에게 그 기준으로 십계명을 주셨습니다.

우리 신앙인들에게 "나 외에는 다른 신을 두지 말라"는 계명은 하나님 사랑의 구체적인 행동입니다. 또한 "살인하지 말라, 도둑질하지 말라"는 계명은 이웃사랑의 구체적인 행동입니다. 십계명을 삶 속에서 실천하는 것이 곧 그리스도의 법, 즉 사랑의 법을 완성하는 삶입니다. 이러한 삶을 살아갈 때, 사랑 안에서 율법은 더 이상 무거운 짐이 아니라, 자유롭게 걸어가게 하는 길이 됩니다. 사랑으로 율법을 완성하는 여정이 됩니다. 사랑은 율법을 대체하는 것이 아니라, 율법의 참된 목적을 성취합니다. 신자는 사랑을 그 중심에 두면서, 율법을 기쁨으로 지키는 사람입니다. 신자의 삶은 율법과 복음이 만나는 자리에서 '사랑으로 열매 맺는 삶'이 됩니다.

'율법 조항 하나하나를 전부 지킴으로써 율법의 정신을 이루어낼 수 없다!'
이 말의 의미가 무엇인가요?
① 율법은 지키지 않아도 무방하다는 뜻이다.
② 조항 중심의 율법 준수는 결국 율법주의로 흐르기 쉽다는 뜻이다.
③ 율법은 단지 이론일 뿐 실제로는 지킬 수 없다.
④ 예수님도 율법을 다 지키지 않으셨다.

7. '율법주의'도 아닌, '방종'도 아닌(No Legalism, No Lawlessness)

신자의 삶은 양극단으로 치우칠 위험성을 갖습니다. 하나는 '율법주의'로 흘러가는 것이고, 다른 하나는 '방종으로' 치닫는 것입니다. 율법주의는 행위로 하나님 앞에서 의를 얻으려는 태도로서, 이 태도 때문에 하나님의 은혜와 복음이 무너집니다. 이런 이유 때문에 바울은 그의 서신서에서 여러 차례 율법주의에 대해서 경고하고 있습니다(갈 2:16, 갈 3:10-11, 롬 3:20, 롬 10:3-4, 빌 3:9). 율법주의에 반대편 극단에 방종이 있습니다. 방종은 은혜를 빌미로 죄에 안주하면서 책임 없는 자유를 추구하는 것을 가리킵니다. 방종도 역시 하나님의 은혜와 복음을 무너뜨립니다. 성경은 율법주의와 방종 모두 신자의 길이 아님을 분명하게 말씀하고 있습니다.

신자가 어떻게 율법주의와 방종으로 흐르지 않을 수 있을까요? 어떻게 해야 중심을 잡으면서 건강하게 신앙생활을 할 수 있을까요? 해답은 복음과 율법을 올바르게 이해하는 데 있습니다. 복음은 우리를 구원하시는 하나님의 능력이고, 율법은 구원받은 자가 어떻게 살아야 하는지를 가르쳐 주는 표지입니다. 따라서 성숙한 신자는 율법으로 의롭다 함을 얻으려 하지도 않고, 은혜를 값싼 것으로 만들지도 않습니다. '복음과 율법이 함께 작동하면서 자

유와 책임을 동시에 요구한다는 것!' 이러한 중심 잡힌 시각을 가질 때, 신자
는 참된 자유 안에서 성숙한 신앙생활을 해 나갈 수 있습니다. 신자의 삶은
율법주의도 아니고 방종도 아닌, 복음 안에서 균형 잡힌 삶으로 드러납니다.

함께 나누어요 ❼

율법주의의 가장 큰 문제점은 무엇인가요?
① 삶이 너무 바빠진다.
② 다른 사람을 판단하게 된다.
③ 하나님의 은혜와 복음을 무너뜨리는 태도가 가장 큰 문제이다.
④ 외적인 행위에만 집중하기에 마음의 중심을 놓치게 된다.

함께 나누어요 ❽

다음 중 균형 잡힌 신앙인의 특징으로 가장 적절한 설명은 무엇인가요?
① 자유롭고 자기중심적이다.
② 순종은 하되, 억지로 한다.
③ 은혜 안에서 자유와 책임을 함께 기꺼이 짊어진다.
④ 말씀에만 집중한다. 행함은 중요하지 않다.

함께 나누어요 ❾

**신앙인들에게 율법을 지키는 삶은 '억압의 문제'가 아니라 '자유와 선택의
문제'입니다. 이 사실이 나의 신앙생활에 어떤 영향을 끼칠까요?**

지금까지 "복음과 율법"이라는 주제로 성경 공부를 하였습니다. 성경 공부를 통해서 깨달은 점이나 마음에 남은 은혜나 새롭게 얻은 통찰을 간단하게 적어 보시기 바랍니다. 이 기록이 앞으로 하나님과 함께 걸어갈 믿음의 여정을 새롭게 준비하는 소중한 흔적이 될 것입니다.

예시

복음과 율법이 대립되는 개념이 아니라, 신자의 삶 속에서 함께 조화를 이루어야 한다는 사실을 알게 되었습니다. 율법은 나를 억압하는 짐이 아니라 하나님의 뜻을 따라서 살아가도록 이끄는 거룩한 길잡이입니다. 그리고 복음은 그 길을 걸어갈 수 있는 힘과 용기를 주는 하나님의 은혜입니다. 특별히 성경 공부를 통해서 율법주의나 방종이 아닌, 사랑으로 율법을 완성해 가는 삶의 방향을 새롭게 정립하게 된 점이 기쁩니다.

성경 공부를 통해서 얻은 통찰 메모하기

3부

믿음으로 바라보는
실생활의 문제들

8과. 제사 문제에 대한 올바른 이해

1. 유교의 제사와 성경의 제사의 차이

2. 한국 교회가 제사를 드리지 않게 된 배경

3. 기독교는 조상을 공경하지 않는 종교인가?

4. 죽음에 대한 성경적인 이해

5. 신자가 제사 음식을 먹어도 되는가?

6. 건전한 장례 문화

7. 신자가 명절을 어떻게 보내야 하는가?

8과. 제사 문제에 대한 올바른 이해

제사 문제는 한국 사회에서 기독교 신자들이 자주 마주치는 현실적인 갈등 중 하나입니다. 믿음을 지키고자 하는 마음과 신앙생활을 하지 않는 가족과의 관계에서 오는 부담 사이에서 많은 신자들이 제사 문제를 놓고 고민합니다. 특히 명절이나 부모님의 장례를 앞두고 '어디까지 참여해야 하는가?', '어떻게 말해야 상처를 덜 줄 수 있을까?' 이러한 실제적인 질문들이 생깁니다. 이런 상황에서 단순히 '무조건 하지 않겠다'는 접근은 오해를 낳으면서, 복음의 문을 닫게 만들 수 있습니다. 기독교는 우상 숭배를 경계하고, 오직 하나님께만 예배드릴 것을 강조합니다. 그러나 동시에 사랑과 관용, 그리고 지혜의 태도도 중시합니다. 신자가 제사 문제를 다룰 때도 이러한 신앙의 중심을 분명히 하되, 가족에 대한 이해와 존중을 잃지 않아야 합니다. 유교 전통의 제사에는 효(孝)라는 긍정적인 정신도 담겨 있습니다. 성경도 효를 무시하지 않으며, 부모공경을 중요한 계명으로 제시합니다. 따라서 신자는 제사를 전면 부정하거나 가족을 정죄하는 태도보다는, 신앙을 지키되 지혜롭게 설명하고, 사랑으로 대화하는 태도를 가져야 합니다. "예수께서 대답하여 이르시되 기록된 바 주 너의 하나님께 경배하고 다만 그를 섬기라 하였느니라"(눅 4:8).

[함께 생각하기]

내가 믿는 하나님을 가장 가까운 가족에게 설명하는 일이 왜 이렇게 어려울까요? 마음으로는 하나님을 얘기하고 싶지만, 정작 그 자리에 서면 한 마디를 꺼내는 것이 힘이 듭니다. 내가 예배드릴 대상은 오직 하나님 한 분뿐이라는 진리를 알지만, 정작 사랑하는 사람들과의 관계는 이 진리만으로 설명되지 않을 때가 있습니다. '내가 제사에 참석하지 않으면, 아버지께서 서운해하시지 않을까?' 이 생각을 하면서 마음이 무거워집니다. '신앙을 지키는 일이 가족을 버리는 일이 되어서는 안 되는데?' 이 생각으로 인해서 설명할 수 없는 서글픔이 마음을 짓누릅니다. 이러한 복잡한 심경 속에서 복음을 전하는 가장 좋은 방법이 '거절'이 아니라, '이해'임을 깨닫습니다. 부모님께 효도하는 일이 살아계실 때 그분들께 사랑을 표현하는 것임을 다시금 깨닫습니다. 제사를 대하는 나의 태도에 하나님의 사랑과 예수님의 온유함이 묻어나기를 소망합니다. 신앙과 가족 사이에서 회피하고 방관하는 것이 아니라 사랑과 지혜로 접근하는 사람이 되기를 소망합니다.

1. 유교의 제사와 성경의 제사의 차이(Difference)

유교와 성경 모두 '제사'라는 용어를 사용하지만, 그 의미와 방향은 본질적으로 다릅니다. 유교의 제사는 죽은 조상에게 예를 갖추고, 감사를 표현하거나 복을 비는 행위입니다. 유교의 제사는 조상의 영혼이 지금 나의 삶에 여전히 영향을 미친다고 여기는 전제에서 비롯된 의례입니다. 그러면서 유교는 조상을 향한 효(孝)의 실천을 강조합니다. 또한 유교는 제사를 통해서 가정의 질서와 전통을 유지하는 것도 중요하게 여깁니다. 반면에 구약성경의 제사는 철저히 하나님께 드리는 예배 행위로서, 창조주 하나님께 올려드리는 경배와 헌신이 그 핵심이 됩니다. 성경에서 하나님께 드리는 제사는 죄의 용서, 언약의 갱신, 감사의 표현 등의 의미를 담고 있으며, 하나님과의 관계 회복을 목적으로 삼고 있습니다.

유교 제사는 제사를 지내는 사람들과 조상 사이의 '수직적 관계'를 전제로 하는 반면에, 성경의 제사는 피조물과 창조주 사이의 '절대적 관계'를 전제합니다. 또한 유교의 제사는 의례 형식과 절차를 중시하는 반면, 성경의 제사는 마음과 중심의 태도를 중요하게 여깁니다. 성경은 마음의 중심을 드리지 않은 제사를 하나님께서 받지 않으셨다고 말씀합니다('가인의 제사', '사울의 제사' 등). 성경은 단 한 분, 살아 계신 하나님 외에 어떤 존재에게도 제사(예배)나 경배를 드리는 것을 철저히 금합니다. 이처럼 성경의 제사는 유교의 죽은 사람이나 영혼을 향한 제의와 본질적으로 구분됩니다. 결론적으로 다음과 같이 얘기할 수 있습니다. "유교의 제사는 인간을 향한 의식이고, 성경의 제사는 하나님을 향한 신앙고백이다."

다음 중 유교 제사의 주요 전제에 해당하는 것은 무엇인가요?

① 조상의 영혼이 죽은 후에도 우리의 삶에 영향을 미친다고 본다.

② 인간은 죽으면 곧바로 부활해서 심판을 받는다고 여긴다.

③ 제사의 의미가 단순히 가족 전통을 지키는 데 있다고 본다.

④ 조상이 아니라, 하나님께만 드리는 것이 유교 제사의 핵심이다.

2. 한국교회가 제사를 드리지 않게 된 배경(Background)

19세기 말 개신교 선교사들이 조선에 들어왔을 때, 가장 민감한 문화적 충돌 지점 가운데 하나가 '조상 제사'였습니다. 선교사들은 성경의 가르침에 따라서 초기 한국교회의 신자들에게 오직 하나님께만 예배와 경배를 드려야 한다고 가르쳤습니다. 이렇게 가르친 이유는 죽은 자와의 교통이나 영혼 숭배와 제사 행위를 우상 숭배로 간주하는 성경의 가르침 때문이었습니다(출 20:3-5). 조상을 대상으로 절하고 음식을 차려 바치는 유교식 제사는 선교사들이 보기에 하나님이 아닌 다른 존재에게 예배하는 행위로 비추어졌습니다. 이런 이유로 선교사들은 초기 한국 교회에 제사를 금지할 것을 분명하게 가르쳤습니다.

당시 조선 사회에서 제사는 단순히 종교의식을 넘어서, 가족 질서와 유교 사회 체제를 유지하는 핵심 장치였습니다. 제사 거부는 곧 가족을 해체하는 반윤리적인 행위로 간주되었기에, 교인들은 사회적인 박해를 감수해야 했습니다. 그러나 이러한 박해에도 불구하고 초기 한국 교회는 복음의 진리를 훼손하지 않기 위해서 제사를 철저히 거부했습니다. 이것은 기독교인의 정체성과 순결성을 확립하는 계기가 되었고, 결국 '하나님 외에 어떤 존재에게도 절하지 않는다'는 신앙고백 위에 한국교회가 세워지게 되었습니다.

다음 중 한국교회가 제사를 거부하게 된 배경에 대한 설명으로 올바른 것은 무엇인가요?

① 경제적 부담을 줄이기 위한 선택이었다.

② 기독교 예배 형식과 유교의 제사 형식이 너무 달랐기 때문이다.

③ 조상을 공경하지 않았기 때문이다.

④ 하나님 외에는 어떤 존재에게도 절하지 않는다는 신앙고백 때문이었다.

3. 기독교는 조상을 공경하지 않는 종교인가?(to Honor Ancestors)

기독교는 조상 공경하는 것을 부정하는 종교가 아닙니다. 오히려 성경은 부모에 대한 효(孝)를 매우 중요하게 여깁니다. 십계명의 다섯 번째 계명은 "네 부모를 공경하라"는 가르침으로서(출 20:12), 바울은 이 가르침을 약속이 딸린 첫 번째 계명이라고 말씀합니다(엡 6:1-3). 예수님께서도 율법 학자들의 외식적인 태도를 야단치시면서, 부모를 제대로 섬기지 않는 것을 비판하셨습니다(막 7:9-13).

성경이 강조하는 공경은 단순히 형식적인 절이나 제사가 아니라, 살아계신 부모를 실제로 존중하고 돌보는 삶의 태도입니다. 따라서 기독교 신앙은 부모가 돌아가신 후에 절차적으로 행하는 제사보다, 생전에 사랑과 책임을 다하는 것을 효의 본질로 봅니다. '죽은 이에게 밥상을 차려서 올리는 것보다, 살아 있는 부모의 식사를 챙기는 것이 참된 효이다.' 이것이 성경이 얘기하는 효입니다.

나아가서 우리가 알아야 하는 것은 기독교가 죽은 조상을 신적인 존재로 떠받드는 행위는 피하지만, 조상을 기억하고 감사하는 마음 자체는 금하지 않는다는 사실입니다. '조상에게 절하거나 음식을 바치는 행위가 예배의 영역으로 넘어가는 것!' 기독교는 이렇게 되는 것을 우려합니다. 기독교가 제사를 거부하는 이유는 조상을 공경하지 않아서가 아니라, 하나님 외에는 경배 대상이 없다는 믿음 때문입니다. 기독교는 의식적인 예가 아니라, 실제적인 사랑과 섬김으로 나타나는 효를 강조하는 종교입니다. 기독교에서 신앙인들은 부모와 조상에게는 '감사와 존경'을 드리고, 하나님께는 '예배와 찬양'을 드리는 사람들로 여겨집니다.

다음 중 성경이 말하는 '공경'의 의미에 가장 부합하는 것은 무엇인가요?
① 정해진 절차에 따라서 조상에게 예를 올리는 것
② 조상의 묘소를 자주 방문하여 절하는 것
③ 살아계신 부모님을 사랑으로 섬기고 책임을 다하는 것
④ 돌아가신 부모님을 위해서 제사 음식을 정성껏 준비하는 것

4. 죽음에 대한 성경적인 이해(Biblical Understanding)

기독교는 죽음을 '생명의 끝'이 아니라, '하나님 앞에 서는 새로운 시작의 순간'으로 이해합니다. 성경은 "한 번 죽는 것은 사람에게 정해진 것이요 그 후에는 심판이 있다"고 선언합니다(히 9:27). 이 말씀으로 인해서 기독교는 윤회설(輪廻說)을 받아들이지 않습니다. 윤회설은 불교와 힌두교의 중심 교리로서, 생명이 죽은 뒤에도 또 다른 생명으로 계속해서 되돌아오면서 다시

태어난다는 사상입니다. 이와 달리 성경은 죽음 이후 예수 그리스도를 믿는 자는 영원한 생명으로, 믿지 않는 자는 영원한 분리의 심판으로 들어간다고 선포합니다. 예수님께서 십자가 위에서 강도에게 "오늘 네가 나와 함께 낙원에 있으리라" 하신 말씀을 통해서(눅 23:43), 우리는 믿는 자의 영혼이 죽는 즉시 하나님과 함께함을 알게 됩니다. 성경은 죽은 이를 이 땅에 머물면서 후손의 제사를 받는 존재라고 얘기하지 않습니다.

따라서 유교의 제사처럼 죽은 조상이 집 안에 머물면서 복을 주거나 화를 입힌다는 개념은 성경과 거리가 있습니다. 기독교는 죽은 자를 두려워하거나 달래는 것이 아니라, 살아계신 하나님 앞에서 삶과 죽음을 준비하는 것을 중요하게 여깁니다. 우리가 알아야 하는 것은 이러한 성경적인 죽음관이 조상을 부정하거나 경시하는 쪽으로 나아가지 않는다는 것입니다. 오히려 올바른 죽음관을 갖게 되면, '기억'과 '감사'의 마음을 가지고 조상을 추모하는 태도를 갖게 됩니다. 기독교는 유교식 제사를 단순히 거부의 대상으로 보는 것이 아니라, 극복해야 할 대상으로 인식하면서 그들에게 참된 진리를 제시하는 것을 중요하게 여깁니다.

함께 나누어요 ❹

우리 주변에 제사 문제 때문에 교회에 나오기를 꺼려하는 분들이 있습니다. 이것을 어떻게 바라보아야 할까요?

① 신앙은 제사와 양립할 수 없으니, 신앙생활을 하려면 당장 제사를 끊으라고 말한다. 그래야 건강한 믿음으로 자라갈 수 있기 때문에

② 섣불리 판단하지 않고, 제사 문제로 갈등하는 마음을 이해하면서 기도 가운데 계속 관계를 이어간다.

③ 그 마음에 공감을 하면서 천천히 복음을 설명해 준다. 먼저 교회에 나와서 신앙생활을 하는 것이 중요하다고 말해 준다.

④ 제사 때문에 교회에 나오지 않는다는 것은 핑계다. 복음을 정말 알고 있다면 제사 문제쯤은 뛰어넘어야 한다고 말해 준다.

5. 신자가 제사 음식을 먹어도 되는가?(Food offered to Idols)

　기독교 신자들 가운데서 제사 음식을 거부하는 이들이 있습니다. 그들이 제사 음식을 거부하는 이유는 제사 음식을 먹는 행위가 우상 숭배와 연결된다고 여기기 때문입니다. 그런데 우리는 이 문제에 대해서 바울의 목소리를 경청해야 합니다. 바울은 고린도전서에서 우상에게 바쳤던 제물에 대해서 이렇게 얘기합니다. "우상은 아무것도 아니며, 모든 음식은 하나님께서 지으신 것이다"(고전 8:4, 롬 14:14). 이러한 가르침을 주면서, 바울은 시장에서 파는 고기를 먹을 때, 그것이 제물로 바쳐졌는지를 묻지 말라고 권면했습니다(고전 10:25). 바울의 가르침에 준해서 볼 때, 제사 음식 그 자체에는 아무런 능력이 없음을 알게 됩니다. 중요한 것은 그 음식을 대하는 신자의 마음과 믿음의 태도인 것을 알게 됩니다.

　제사 음식을 먹는 것이 죄가 되는 것이 아니라, 그 음식을 통해서 죄책감을 느끼거나, 다른 이에게 걸림돌이 되는 것이 문제가 됩니다. 만일 함께 음식을 나누는 가족에게 믿음을 설명하는 전도의 다리가 된다면, 제사 음식을 기꺼이 먹을 수 있습니다. 반면에 그것이 믿음이 약한 형제를 실족시킬 우려가 있다면 절제할 수도 있어야 합니다. 제사 음식에 있어서 중요한 것은 하나님과의 살아 있는 관계에서 비롯된 '자유'와 '책임'입니다. 제사 음식보다 더 중요한 것은 가족 공동체 안에 사랑과 덕을 세우는 태도입니다. 신자에게는 모든 것을 먹을 자유가 있지만, 사랑으로 그 자유를 선용할 줄 아는 지혜가 필요합니다. 제사 음식을 먹느냐 안 먹느냐의 문제는 정죄와 비난의 문제가 아니라, 신앙 성숙과 관계적인 지혜의 문제입니다.

다음 중 '제사 음식을 대하는 신자의 올바른 태도'로 가장 적절한 것은 무엇인가요?

　① 제사 음식은 절대 먹으면 안 된다. 그 자체가 더럽고 사탄이 붙은 음식이기 때문이다.

② 먹든 안 먹든 나의 자유다. 다른 사람 눈치 안 보면서 내 방식대로
  하겠다.
③ 제사 음식 자체가 중요한 것이 아니라, 그것을 대하는 신자의 믿음과
  태도가 중요하다. 전도의 다리가 된다면 먹을 수 있고, 믿음의 형제를
  배려해서 그 음식을 먹지 않을 수도 있다.
④ 신자들이 있는 자리에서는 먹지 않고, 불신자들만 있는 자리에서는
  먹는다. 상황에 따라서 양쪽을 맞추는 것이 중요하다.

6. 건전한 장례 문화(Funerary Culture)

장례는 고인을 애도하고, 유족들이 서로를 위로하며, 고인과 함께 했던 시간들을 되새기는 애도의 시간입니다. 그러나 현실에서 장례가 가족 간의 갈등과 대립의 시간이 되는 경우가 왕왕 있습니다. 신앙을 가진 자녀와 그렇지 않은 자녀 사이에서 장례 형식과 절차를 놓고 충돌이 일어나는 일이 불거질 때가 있습니다. 이럴 때 신자로서 어떻게 해야 할까요? 이때 기독교인은 자신의 신앙을 지키면서도, 동시에 가족 구성원들과의 평화와 화목을 위한 배려와 아량의 태도를 가져야 합니다. 지혜롭게 장례의 시간을 복음을 전할 수 있는 기회의 자리로 삼아야 합니다. 그 시간을 억지로 신앙을 강요하는 자리로 삼으면 안 됩니다. 신자로서 고인을 진심으로 추모하고, 남은 가족을 지혜롭게 품는 태도가 중요합니다.

신앙인들은 자신의 신앙에 따라서 장례를 진행하되, 믿지 않는 가족들이 납득할 수 있도록 충분히 설명하면서 대화를 시도할 수 있습니다. 때로는 작은 의례나 표현 방식에서 갈등이 일어나기도 하는데, 그럴 때일수록 '생명을 사랑하고 평화를 추구하라'는 복음의 정신을 따라야 합니다. 장례를 통해서 하나님 나라의 품위와 질서를 보여주는 것이 진정한 신자의 모습입니다. 정죄와 비판보다 더 설득력 있는 메시지는 신자다운 품위이고 따뜻한 태도입니다. 건전한 장례 문화는 인간적인 품격과 가족 공동체를 아우르는 지혜에서 비롯됩니다. 이렇게 하는 것이 하나님과 사람 앞에서 취해야 하는 성숙한

신앙인의 태도입니다.

신앙을 가진 자녀와 믿지 않는 자녀 사이에서 장례 문제로 갈등이 생길 때, 신자의 태도로 가장 적절한 것은 무엇인가요?

① 무조건 기독교 식으로 장례를 치루어야 한다고 우긴다.

② 가족과의 평화와 화목을 위해서 아량과 배려를 보일 수 있어야 한다.

③ 가족들의 의견을 무시하고 독단적으로 진행한다.

④ 신앙을 포기하고 무조건 세상의 방식대로 따라간다.

7. 신자가 명절을 어떻게 보내야 하는가?(Matter of "How")

명절은 가족이 함께 모여 정을 나누는 소중한 교제의 시간입니다. 나아가서 신자에게 명절은 교제와 휴식의 시간을 넘어서, 신앙의 향기를 드러낼 기회이기도 합니다. 특히 가족 중에 믿지 않는 이들이 있다면, 신자는 말과 행동과 태도를 통해서 복음을 간접적으로 전해야 합니다. 이때 중요한 것은 신앙의 우월감을 내세우는 것이 아니라, 섬김과 배려의 태도를 취하는 것입니다. 음식을 준비하거나 설거지를 돕는 모습, 연로한 부모를 먼저 챙기는 자세, 말 한마디의 따뜻함이 그들의 심중에 복음이 새겨지는 통로가 될 수 있습니다.

또한 명절의 바쁜 일정 속에서도 개인적인 기도 시간과 말씀 묵상을 놓치지 않는 것도 내면의 중심을 지키는 신앙인의 태도입니다. 이때 가족 중 누군가가 제사 문제나 신앙 문제로 공격적인 반응을 보인다면, 즉시 반박하지 않고, 차분한 대화와 사랑의 태도로 일관해야 합니다. 그 순간에 침묵이 지혜일 수도 있습니다. 신자는 명절 기간을 하나님의 평강을 가족 가운데로 흘려보내는 통로로 삼아야 합니다. 명절이 끝난 뒤 '믿는 사람이어서 좋았다'는 말을 듣는다면, 이것이야말로 가장 바람직하게 명절을 보낸 셈입니다. 현실적으로 여러 가지로 힘든 점이 있지만, 신자에게 명절은 복음을 말로만 전하는 것이 아니라 삶으로 보여줄 수 있는 절호의 기회입니다.

신자가 명절을 어떤 기회로 삼아야 될까요?

　　① 가족 간의 서열을 재정비하는 시간으로 삼는다.

　　② 명절을 신앙 논쟁의 장으로 만들어서 긴장을 일으킨다.

　　③ 복음을 넓은 포용력으로 드러내는 기회로 삼는다.

　　④ 여러 가지로 바쁘고 분주하니까, 예배는 잠깐 쉬어도 되는 시기이다.

가족 중에서 신앙이 다른 사람이 있을 경우 제사 문제에서 '진리'를 지키면서도 '사랑'을 잃지 않기 위해서 필요한 노력에 무엇이 있을까요?

지금까지 "제사 문제에 대한 올바른 이해"라는 주제로 성경 공부를 하였습니다. 성경 공부를 통해서 깨달은 점이나 마음에 남은 은혜나 새롭게 얻은 통찰을 간단하게 적어 보시기 바랍니다. 이 기록이 앞으로 하나님과 함께 걸어갈 믿음의 여정을 새롭게 준비하는 소중한 흔적이 될 것입니다.

예시

성경 공부를 통해서 제사를 신앙과 문화와 진리의 관점으로 지혜롭게 풀어가야 할 중요한 과제로 받아들이게 되었습니다. 제사 문제를 대할 때, 단순한 옳고 그름의 판단이 아니라, 하나님의 사랑과 복음의 마음으로 접근해야 함을 깨달았습니다. 가족과의 관계 속에서도 하나님의 진리를 지키되, 상처를 주지 않으려는 태도가 중요함을 배웠습니다. 앞으로도 신앙의 중심을 지키면서도, 가족들에게 사랑으로 진리를 전하는 성숙한 신자로 살아갈 것을 다짐해 봅니다.

3부

믿음으로 바라보는
실생활의 문제들

9과. 이혼에 대한 올바른 이해

1. 이혼에 대한 구약성경의 입장

2. 예수님은 이혼을 어떻게 보셨는가?

3. 별거와 믿지 않는 배우자에 대한 바울의 가르침

4. 이혼에 대한 교회들의 다양한 입장들

5. 이혼이 당사자들에게 끼치는 부정적인 영향

6. 이혼한 이들을 대하는 바람직한 태도

7. 이혼 예방을 위한 교회의 관심

9과. 이혼에 대한 올바른 이해

이혼은 오늘날 우리 사회에서 더 이상 낯선 일이 아닙니다. 신앙 공동체 안에서도 이혼이 현실적인 문제로 다가온 지가 오래됐습니다. 성경은 혼인을 인간의 계약을 넘어서 하나님 앞에서 맺어진 거룩한 언약으로 봅니다. 하나님께서 처음 인간을 창조하시고 가정을 이루게 하신 목적은 혼인을 통해서 서로를 돕고 하나 되게 하심에 있습니다. 그렇기 때문에 성경은 원칙적으로 이혼을 허용하지 않으며, 예수님께서도 이혼을 매우 제한된 상황에서만 예외적으로 인정하셨습니다. 특별한 사유, 곧 간음과 불신자 배우자의 일방적 이탈과 같은 경우를 제외하면, 신앙인은 혼인 언약을 끝까지 지켜야 할 책임이 있습니다. 따라서 신앙인들은 결혼 생활에서 갈등이 생기더라도, 성급한 이혼보다는 화해와 회복의 길을 우선적으로 모색해야 합니다. 동시에 이미 이혼을 경험한 이들을 대할 때에는 정죄가 아닌 긍휼의 시각을 가져야 하며, 그들도 하나님의 은혜 안에서 다시 회복될 수 있음을 믿어야 합니다. 교회는 이혼한 이들을 배제하거나 소외시키는 것이 아니라, 그들의 마음의 상처를 감싸 안으면서 동행해야 할 책임을 갖습니다. "이러므로 남자가 부모를 떠나 그의 아내와 합하여 둘이 한 몸을 이룰지로다"(창 2:24).

[함께 생각하기]

사랑해서 결혼했지만, 사랑만으로 끝까지 함께하기는 참 어려운 일입니다. 때로는 서로를 향한 말이 화살이 되어서, 눈길조차 주지 않을 때가 있습니다. '왜 이렇게 됐을까?' 이 질문 앞에서, 나 자신을 탓하기도 하고, 상대를 원망하기도 합니다. 그런데 우리가 잊지 않아야 하는 것은 우리의 관계를 처음 시작하게 하신 분이 하나님이시라는 사실입니다. 그러므로 우리는 서로를 향한 감정이 흔들릴 때마다 처음 우리를 묶으신 하나님을 다시금 바라보아야 합니다. 우리 안에 있는 인내와 존중의 마음은 쉽게 부서질 수 있는 가능성을 가지고 있습니다. 그래서 부부가 함께하는 길에는 사랑과 더불어 꾸준한 대화와 용서, 그리고 하나님께 의지하는 믿음이 필요합니다. 그 누구도 이혼을 쉽게 결정하는 사람은 없습니다. 거기에는 수많은 눈물과 긴 침묵의 밤들이 담겨 있습니다. 그렇기에 이혼한 이들을 향한 시선은 날카로운 판단이 아니라, 아픈 곳을 알아보는 따뜻한 눈길이어야 합니다. 하나님은 우리를 실패자로 부르시지 않고, 언제나 다시 시작할 수 있는 존재로 품어 주시는 분입니다. 나의 주변에 말없이 상처를 안고 있는 누군가가 있다면, 그에게 먼저 다가가는 사람이 되고 싶습니다. 오늘 나의 이런 마음은 넘어졌던 이들을 안아주시는 예수님의 마음과 닮아 있는 것일까요?

1. 이혼에 대한 구약성경의 입장(Position of the Old Testament)

혼인은 하나님께서 에덴동산에서 제정하신 신성한 언약으로, 한 남자와 한 여자의 연합을 통해서 하나님의 형상을 드러내는 제도입니다. 혼인과 달리, 이혼은 본래의 창조 질서 안에 있는 제도가 아닙니다. 하나님께서 처음에 이혼을 계획하지 않으셨습니다. 이혼은 인간의 죄성과 타락의 결과로 인해서 나타난 현실적인 제도입니다. 죄로 인해서 부부관계에 갈등과 깨어짐이 생기면서, 하나님께서는 이혼을 '허용'하셨지만, 무분별하게 허용하지는 않으셨습니다. 신명기 24장 1-4절은 남편이 아내에게 '수치스러운 일'을 발견했을 경우에 이혼증서를 써서 내보낼 수 있다고 규정하면서, 일정한 조건 아래 이혼을 허용합니다. 한편 말라기 2장 16절에서는 '여호와께서 이혼을 미워하신다'고 하면서, 당시 유다 남성들이 아내를 쉽게 버리는 행위를 심각한 죄로 지적합니다. 말라기 선지자는 남편이 아내를 버리는 것을 하나님 앞에서 언약을 깨뜨리는 행위로 여기면서, 이혼당한 여성의 고통을 외면하지 않아야 함을 강조했습니다.

고대 근동 사회는 남성 중심의 가부장제 사회였기 때문에 여성이 이혼을 당하면 생존권과 사회적 지위가 크게 흔들리게 되는 상황이었습니다. 구약의 부분적인 이혼 규정은 이러한 당시의 상황을 반영합니다. 이혼은 죄의 현실 속에서 발생한 비극적인 상황으로서, 구약성경은 남성의 자의적인 이혼 결정을 제약하는 데에, 그리고 이혼당한 여성의 권리를 보호하는 데에 초점을 맞추고 있습니다. 하나님께서는 이혼이라는 현실을 전면적으로 승인하지 않으셨습니다. 인간의 완악함을 전제하며 그로 인한 피해를 최소화하기 위해서 이혼 규정을 마련하셨습니다.

구약성경에서 이혼은 어떤 의미로 이해되나요?
　① 하나님의 창조 질서에 속한 제도이다.
　② 인간의 타락으로 생긴 현실적 제도이다.
　③ 하나님께서 적극 권장하신 제도이다.
　④ 구약성경은 이혼을 언급하지 않는다.

2. 예수님은 이혼을 어떻게 보셨는가?(Jesus' View on Divorce)

예수님은 이혼에 대해서 분명하고도 엄격한 기준을 제시하셨습니다. 이혼에 대한 예수님의 가르침은 혼인을 하나님의 창조 질서 안에 있는 신성한 언약으로 바라보는 데에서 출발합니다. 예수님은 마태복음 19장에서 '하나님이 짝지어 주신 것을 사람이 나누지 못한다'고 말씀하시면서, 이혼을 원칙적으로 금지하셨습니다. 그러면서 결혼이 '인간의 사회적 계약'을 넘어서, 하나님 앞에서 맺어진 거룩한 연합임을 강조하셨습니다. 마가복음 10장과 누가복음 16장에서도 이혼 후 재혼하는 것을 '간음'으로 규정하시면서, 당시 율법적으로 허용된 이혼 관습에 제동을 거셨습니다.

그러나 예수님은 단 한 가지 예외 상황, 곧 '배우자의 음행'이 있을 경우에는 이혼을 허용하셨습니다. 마태복음 5장 32절과 19장 9절의 '음행한 이유 외에'라는 표현을 통해서, 배우자의 간음이 결혼 언약을 파기한 것으로 간주될 수 있음을 인정하셨습니다. 이러한 예수님의 가르침은 이혼을 장려하는 데에 목적을 두지 않습니다. 예수님의 가르침은 두 사람의 언약으로 이루어진 결혼에 대한 깊은 성찰과 책임 의식을 촉구하는 데에 목적을 둡니다. 또한 당시 유대 사회에 남성 중심으로 이혼이 남용되던 풍토가 있었기에, 예수님의 말씀은 특히 여성을 보호하려는 목적도 담고 있습니다. 결론적으로 다음과 같이 얘기할 수 있습니다. "예수님은 이혼을 원칙적으로는 금지하셨지만, 간음이라는 중대한 사유 아래에서는 예외적으로 이혼을 인정하셨다."

예수님께서 이혼을 예외적으로 허용하신 경우는 언제인가요?
① 자녀 교육 때문에 갈등이 커질 때는 이혼할 수 있다.
② 성격 차이가 클 때는 이혼할 수 있다.
③ 경제적 어려움이 클 때는 이혼할 수 있다.
④ 배우자의 음행(간음)이 있을 때는 이혼할 수 있다.

3. 별거와 믿지 않는 배우자에 대한 바울의 가르침(Paul's Teaching)

사도 바울은 고린도전서 7장에서 혼인과 이혼과 별거, 그리고 믿지 않는 배우자와의 관계에 대해서 구체적인 가르침을 제시합니다. 그는 먼저 믿는 부부가 다툼이나 갈등으로 인해서 별거하는 경우에 다시 합하는 것을 권하고, 형편이 여의치 않다면 홀로 지낼 것을 권합니다(고전 7:10-11). 이러한 바울의 권면은 이혼을 성급히 결정하지 말고, 가능하면 화해와 재결합을 추구해야 한다는 원칙을 담고 있습니다. 그러나 믿는 자와 믿지 않는 자가 결혼한 경우에는 가르침을 약간 달리합니다. 믿지 않는 배우자가 함께 살기를 원한다면, 신자는 그 관계를 유지해야 한다고 가르칩니다(고전 7:12-13). 이유는 믿지 않는 배우자가 믿는 자를 통해서 거룩하게 될 수 있고, 자녀도 그 은혜의 영향 안에 있기 때문입니다(고전 7:14). 하지만 만약 믿지 않는 배우자가 함께 살기를 거부하고 떠난다면, 신자는 그 상황을 억지로 막을 필요가 없다고 말합니다. 이런 경우에는 신자가 강제로 결혼 관계 속에 머물러 있지 않아도 됨을 말씀하고 있습니다.

바울은 하나님이 우리를 평강 가운데로 부르셨음을 강조하면서, 신자가 억압이 아닌 자유와 평강 안에서 살도록 권합니다. 그러면서 바울은 결혼 언약의 소중함을 인정하면서도, 믿지 않는 배우자의 선택으로 인해서 불가피하게 발생하는 별거와 단절의 현실을 정직하게 다루고 있습니다. 그는 모든 경우에 있어서 믿는 자가 스스로 먼저 관계를 끊지 말고, 끝까지 화해하면서 가정을 지키겠다는 태도를 가질 것을 권면합니다. 이러한 바울의 가르침은 단순히 율법적인 판단을 넘어서, 믿음 안에서 관계를 유지하고자 하는 사랑과 인내의 자세를 요청합니다. 신앙인들은 모든 상황 속에서 하나님의 부르심에 합당하게, 평강과 거룩함을 따라서 살아가야 할 책임을 갖습니다.

함께 나누어요 ❸

바울이 고린도전서 7장에서 믿는 부부의 별거에 대해서 권면한 내용은 무엇인가요?
　① 별거 후에는 자유롭게 재혼해도 된다.
　② 갈등이 있다면 먼저 각자의 시간을 가지면서 이혼을 준비하라.
　③ 별거 후에는 가능한 화해하고 재결합하되, 형편이 안 되면 홀로 지내라.
　④ 별거는 금지 조항이다. 무조건 같이 살아야 한다.

4. 이혼에 대한 교회들의 다양한 입장들(Various Positions)

현대 교회는 이혼에 대해서 다양한 입장을 갖고 있습니다. 가톨릭교회는 이혼을 원칙적으로 인정하지 않습니다. 결혼을 성사로 보면서 어떤 경우에도 파기될 수 없는 언약임을 강조합니다. 다만 가톨릭은 '혼인 무효 선언'(Annulment) 제도를 통해서, 특정한 조건에서 혼인 자체가 성립되지 않음을 인정할 수 있도록 합니다.

동방 정교회는 원칙적으로 이혼을 죄로 간주하지만, 배우자의 간음이나 폭력 등 심각한 사유가 있을 때는 제한적으로 이혼과 재혼을 허용해 왔습니다.

루터교와 개신교 전통은 예수님의 말씀을 근거로, 배우자의 간음이나 버림받은 경우에 이혼을 허용합니다.

장로교회도 원칙적으로는 결혼 언약의 신성함을 강조하면서, 현실적으로 심각한 문제가 생겼을 때는 신자의 자유와 교회의 질서를 지키기 위해서 제한적으로 이혼을 허용합니다.

감리교는 이혼을 죄의 문제로 국한시키지 않으면서, 목회적 차원에서 개인의 회복과 재출발을 고려해서 재혼을 허용하는 경우가 많습니다.

대부분의 보수적인 복음주의 교회들도 이혼을 최소화해야 할 비극으로 여기면서, 불신앙 배우자의 이탈이나 심각한 학대 상황에서는 신자의 생명을 보호하기 위해서 이혼을 인정합니다.

반대로 자유주의 신학을 따르는 교회들은 개인의 행복과 자유를 중시하면서, 성경의 가르침을 탄력적으로 해석하며 이혼을 유연하게 수용합니다.

신자는 특정 교단의 입장을 맹목적으로 따르기보다, 성경적인 원리와 교회의 전통, 그리고 개인의 상황을 신중히 고려하여 지혜롭게 분별하는 것이 필요합니다.

이혼 문제를 생각할 때 가장 크게 마음에 걸리는 부분이 무엇인가요?
① 결혼 언약의 신성함이 훼손되는 것
② 가정이 깨어지면서 자녀와 가족이 함께 겪는 아픔
③ 결혼에 실패했다는 죄책감에서 벗어나기 어려운 마음
④ 교회의 판단과 다른 성도의 시선이 주는 부담

5. 이혼이 당사자들에게 끼치는 부정적인 영향(Negative Influence)

이혼은 단순히 법적 혼인 관계의 종료를 넘어서, 당사자들의 삶 전체에 큰 충격과 변화를 가져다주는 사건입니다. 이혼 후 당사자들은 정서적으로 상실감과 배신감과 분노와 우울 등 다양한 감정이 뒤섞이며, 심리적 불안정이 장기간 이어질 수 있습니다. 특히 오랜 결혼 생활 후의 이혼은 정체성과 자존감의 붕괴를 불러오며, 깊은 심리적 공허감을 남깁니다.

경제적으로는 가정이 둘로 나뉨으로써 생활비 부담이 늘어나고, 재산 분할과 양육비 문제로 인해서 심각한 갈등이 발생합니다. 사회적으로는 주변과의 관계 단절, 교회와 공동체 안에서의 낙인과 소외를 경험하기도 합니다. 신앙적으로는 하나님 앞에서 죄책감을 느끼며 신앙생활이 위축되는 경우가 적지 않습니다.

또한 이혼 과정에서 부모의 갈등과 분리를 직접 목격한 자녀들도 정서적 상처를 입습니다. 이는 학업 성취도의 저하, 대인관계의 불안정, 더 나아가 결혼과 가정 자체에 대한 부정적 인식으로 이어질 수 있습니다. 이처럼 이혼이 끼치는 부정적인 영향은 단기간에 그치지 않고 장기적으로 삶의 여러 영역에 걸쳐 나타납니다.

이처럼 이혼은 부부 두 사람만의 문제를 넘어서, 가족 전체와 다음 세대까지 영향을 미치는 심각한 사건입니다. 따라서 신앙 공동체가 충분한 지지와 위로를 주지 못한다면, 이혼 당사자는 더욱 깊은 고립감과 상실감을 경험할 수밖에 없습니다. 그러므로 이혼을 겪은 이들의 회복을 위해서는 개인적으로 심리적 치유와 더불어 공동체의 따뜻한 지지와 동행이 반드시 필요합니다. 교회는 이혼의 상처 앞에서 정죄가 아닌 동행으로 응답해야 합니다.

다음 중 이혼이 당사자에게 끼칠 수 있는 정서적 영향으로 적절한 것은 무엇인가요?

① 새롭게 펼쳐질 삶에 대한 기대감

② 상실감, 배신감, 우울 등 심리적 불안정

③ 독립적인 삶에 대한 즐거움

④ 억압에서 벗어난 해방감

6. 이혼한 이들을 대하는 바람직한 태도(Desirable Attitude)

성경은 모든 사람을 연약한 존재로 보면서, 이혼한 이들도 예외가 아님을 우리에게 일깨워줍니다. 그러므로 교회는 이혼한 성도들을 정죄하거나 비난하는 것이 아니라, 하나님의 은혜 안에서 끌어안아야 할 대상으로 여겨야 합니다. 예수님께서 상처 입은 자들과 사회적으로 소외된 자들에게 적극적으로 다가가셨듯이, 교회는 이혼한 이들을 향해서 열린 마음을 가져야 합니다. 이혼의 과정에서 깊은 상처와 고통을 경험한 이들에게 필요한 것은 비난이 아니라 공감과 위로입니다.

이혼한 이들에 대한 바람직한 태도는 그들의 상황을 이해하려는 태도에서 시작됩니다. 이혼한 이들도 여전히 주님의 사랑과 회복의 은혜 가운데 있음을 기억해야 합니다. 이혼한 이들을 실패자로 낙인찍지 말고, 새롭게 출발하도록 돕는 믿음의 동반자가 되어야 합니다. 이혼한 이들을 나와 동일한 지체로 여기고 존중하면서, 봉사와 교제의 자리에서 배제하지 않아야 합니다.

교회는 이혼 자체를 가볍게 여기지 않으면서도, 이혼한 이들을 존중하면서 그들의 회복을 돕는 중심 잡힌 태도를 가져야 합니다. 이혼한 이들이 교회 안에서 하나님의 사랑을 실제적으로 경험할 때, 그들은 점차 신앙과 삶의 회복을 이룰 수 있습니다. 이혼한 이들을 대하는 바람직한 태도는 '정죄가 아닌 사랑의 태도'이고, '배제가 아닌 포용의 태도'입니다.

다음 중 이혼한 이들을 대할 때 교회 공동체가 조심해야 하는 것이 무엇인가요?

① 무조건 사역과 봉사에서 제외시키는 것
② 대화할 때 그들의 과거를 자주 언급하는 것
③ 새로운 출발을 응원하는 믿음의 동반자가 되는 것
④ 상처를 헤집지 않고 존중과 배려로 따뜻하게 품어주는 것

7. 이혼 예방을 위한 교회의 관심(Concern of the Church)

이혼은 오랜 시간 누적된 갈등과 상처가 극단으로 치달은 결과입니다. 그렇기에 교회는 성도들이 이혼이라는 파국에 이르기 전에 예방적인 사역을 통해서 갈등을 조기에 진단하고 해결책을 제시해야 합니다. 먼저 정기적인 부부 세미나나 성경적인 결혼 강의를 통해서 결혼의 본질과 언약의 의미를 지속적으로 교육해야 합니다. 부부 사이에 갈등이 드러났을 때, 교회는 중립적인 상담자로서 개입하여 서로의 감정을 이해하고 대화를 유도하는 역할을 감당할 수 있습니다. 용서와 회복을 중심으로 한 중재 사역은 감정의 골이 깊어지기 전에 관계 회복의 길을 열어 주는 중요한 도구가 됩니다. 분노 관리와 감정 표현 훈련도 매우 중요하기에, 교회는 이런 교육을 통해서 성도들이 감정을 건강하게 다룰 수 있도록 도와야 합니다. 많은 경우에 부부의 갈

등은 잘못된 대화 방식에서 비롯되므로, 의사소통 훈련을 통해서 경청과 존중의 대화를 배우게 하는 것도 필요합니다.

또한 교회는 위기에 처한 부부들이 조용히 도움을 요청할 수 있는 익명성과 신뢰를 보장하는 상담 창구를 마련해야 합니다. 이혼을 예방하는 사역은 단순한 기술 전달이 아니라, 하나님의 사랑과 말씀을 중심에 둔 치유의 과정이어야 합니다. 이러한 예방적 사역을 통해서 교회는 성도들의 가정을 지키는 든든한 울타리가 되며, 복음의 능력이 가정 안에서도 실현됨을 보여주는 살아있는 공동체가 될 수 있습니다.

함께 나누어요 ❼

다음 중 부부 사이의 갈등 예방 및 해결을 위한 실천적 방법으로 바르지 않은 것은 무엇인가요?

① 분노 관리와 감정 표현 훈련
② 의사소통 훈련과 경청 연습
③ 서로의 단점을 노트에 기록해 놓기
④ 용서와 회복을 중심으로 한 중재 프로그램

함께 나누어요 ❽

성경 공부를 통해 '결혼'과 '가정', 그리고 '회복'에 대해서 새롭게 깨달으면서 다짐하게 된 것이 있습니까? 그것이 무엇인가요?

지금까지 "이혼에 대한 올바른 이해"라는 주제로 성경 공부를 하였습니다. 성경 공부를 통해서 깨달은 점이나 마음에 남은 은혜나 새롭게 얻은 통찰을 간단하게 적어 보시기 바랍니다. 이 기록이 앞으로 하나님과 함께 걸어갈 믿음의 여정을 새롭게 준비하는 소중한 흔적이 될 것입니다.

예시

성경 공부를 통해서 결혼과 이혼에 대한 하나님의 뜻을 보다 깊이 이해할 수 있었습니다. 이혼이 단순히 개인의 문제를 넘어서, 신앙과 공동체, 그리고 다음 세대에까지 영향을 미치는 중요한 문제임을 생각하게 되었습니다. 무엇보다도 이혼한 이들을 향한 교회의 태도가 정죄보다 회복과 동행이 우선되어야 함을 배우면서, 따뜻한 공동체의 역할이 무엇인지를 생각하게 되었습니다. 앞으로도 결혼 생활에서 하나님의 말씀을 기준 삼아 인내와 사랑으로 서로를 품어가야겠다는 다짐을 하게 됩니다.

3부

믿음으로 바라보는 실생활의 문제들

10과. 생활 속 작은 전도 습관

1. 생활 속 전도의 기본 원칙 4가지

2. 눈높이 전도

3. 전도의 문을 여는 여러 질문들

4. 예수님을 간단하게 소개하기

5. 교회 용어를 일상 용어로

6. 허락받은 후 짧게 기도하기

7. 직장이나 학교에서의 전도 경계선

8. 교회 초청을 위한 실천 사안

10과. 생활 속 작은 전도 습관

전도는 모든 신앙인이 감당해야 하는 거룩한 사명입니다. 그러나 실제로 전도를 할 때 많은 이들이 막연한 두려움이나 부담감을 느끼는 것이 사실입니다. 그 이유 중 하나는 전도를 특정한 형식이나 활동으로만 이해하기 때문입니다. 하지만 전도가 거창한 프로그램이나 특별한 수단을 통해서만 이루어지는 것은 아닙니다. 일상 속에서 자연스럽게, 그리고 꾸준하게 이루어지는 작은 습관들이 오히려 더 깊은 전도의 열매를 맺을 수 있습니다. 전도의 핵심에 단순한 정보 전달이 아니라, 관계의 형성과 신뢰의 축적이 자리 잡고 있습니다. 따라서 전도를 잘하려면 먼저 상대를 이해하고, 경청하며, 존중하는 태도가 중요합니다. 기도로 준비된 마음, 상대의 눈높이에 맞춘 지혜로운 접근은 전도를 더 깊이 있게 만들어 줍니다. 빠른 결과를 기대하기보다, 하나님께서 열매 맺게 하신다는 믿음으로 인내하는 자세가 필요합니다. 전도는 '논쟁'이 아니라 '동행'입니다. 따라서 우리는 일상 속에서 실천할 수 있는 작고 구체적인 전도 습관들이 무엇인지를 다시금 점검할 필요가 있습니다. "5 외인에게 대해서는 지혜로 행하여 세월을 아끼라 6 너희 말을 항상 은혜 가운데서 소금으로 맛을 냄과 같이 하라 그리하면 각 사람에게 마땅히 대답할 것을 알리라"(골 4:5-6).

[함께 생각하기]

오래 기억에 남는 말은 논리적인 설명이 아니라 따뜻한 한마디입니다. 누군가 내게 해 준 "괜찮아요, 제가 기도할게요"라는 말이 그날의 무거웠던 저의 마음을 풀어주었습니다. 전도는 말로 상대를 이기는 것이 아니라, 마음에 남는 향기로 다가가는 것입니다. 내가 매일 마주치는 사람들 중에 하나님이 준비하신 사람이 있을지도 모릅니다. 그 사람이 나와 나누는 한 잔의 커피와 한 통의 안부 문자와 한 줄의 기도 문구에서 사랑을 느낄지 모릅니다. 복음은 멀리 있지 않습니다. 내가 살아내는 친절한 하루, 묵묵한 경청, 작은 배려 속에 복음이 머물러 있습니다. 사람은 '정면의 주장'보다는, '옆자리의 위로'에 더 쉽게 마음을 엽니다. 전도는 말보다 삶이고, 이끌기보다 곁에 서는 것입니다. 내가 예수님을 사랑하듯, 그 사람도 그렇게 사랑받을 수 있다는 것을 보여주는 것, 이것이 우리가 할 수 있는 가장 깊은 전도입니다.

1. 생활 속 전도의 기본 원칙 4가지(Four Basic Principles)

전도는 특별한 자격을 갖춘 사람만 하는 것이 아니라, 모든 신자가 일상 속에서 감당해야 할 사명입니다. 일상에서 전도를 할 때 첫 번째 원칙에 '관계 중심의 대화'가 있습니다. 생활 속 전도의 핵심은 '관계'입니다. 신뢰를 쌓고, 상대방의 이야기를 경청하며 마음의 문이 열리기를 기다려야 합니다. 좋은 관계를 맺음에 있어서 대화의 자리에서 설득하려고 하거나 논쟁하려고 하기보다는, 진심 어린 경청과 따뜻한 관심이 영향력을 발휘할 수 있습니다.

두 번째 원칙에 '허락을 구하는 태도'가 있습니다. '잠깐 말씀을 나눠도 될까요?', '잠깐 기도해도 괜찮을까요?' 이런 식의 짧고 정중한 물음은 '내가 이 사람에게 존중 받는다'는 인식을 상대에게 심어줍니다.

세 번째 원칙에 '작게, 그러나 꾸준하게 전도하기'가 있습니다. 웃으면서 커피 한 잔을 건네는 꾸준한 습관이 상대의 마음을 움직이면서 대화의 문을 열 수 있습니다.

네 번째 원칙에 '팀을 이루어서 하는 전도'가 있습니다. 전도는 혼자보다는 팀을 이루어서 할 때, 지속성과 힘을 얻을 수 있습니다. 함께 기도하고, 나눈 이야기를 돌아보며 격려하는 공동체 속에서 전도가 힘있게 이루어집니다.

이 네 가지 원칙은 특별한 기술보다도 '진심'과 '배려'와 '일관성'과 '공동체성'이라는 복음의 정신을 삶으로 살아내는 데에 초점을 맞춥니다.

다음 중 '생활 속 바람직한 전도 방식'이라고 보기 어려운 것은 무엇인가요?

① 대화할 때 상대의 말은 끊고, 복음 내용을 정확히 설명하려고 한다.

② 커피 또는 차를 건네며, 일상의 안부를 자주 나눈다.

③ '잠깐 기도해도 될까요?' 이 물음을 대화 중에 먼저 정중히 물어본다.

④ 여럿이서 함께 기도하면서 누군가를 위해서 계속해서 전도한다.

2. 눈높이 전도(Evangelism at Eye Level)

전도를 할 때 일방적으로 전도하는 것이 아니라, 상대의 눈높이에 맞춰서 복음을 나누는 지혜가 필요합니다. 어떤 사람은 '종교에 무관심하거나 거부감을' 가질 수 있습니다. 이런 경우에는 당장 복음을 전하려 하기보다는, 다리를 놓는 관계 형성이 먼저입니다. 먼저 그에게 진심 어린 관심을 꾸준하게 갖습니다. 그가 필요로 할 때 도움을 줍니다. 그가 생일을 맞았을 때 마음을 담아서 작은 선물을 보냅니다. 이런 작은 배려와 섬김이 쌓일 때, 마음의 문이 열리고 복음을 들을 수 있는 토양이 마련됩니다. 전도는 관계 속에서 사랑을 전하는 삶의 실천에서 시작됩니다.

그들 중에는 '종교에 대해서 중립적이거나 거부감이 없는 이들'이 있습니다. 이들은 어렵지 않게 대화를 시작할 수 있는 이들입니다. 이들과 대화를 할 때는 상대방의 이야기를 경청하면서, 가볍게 나의 경험을 나누는 짧은 간증도 도움이 됩니다. 함께 식사하거나 소모임에 초대하는 것도 자연스럽게 전도할 수 있는 계기가 될 수 있습니다.

마지막으로, '종교에 대해서 열린 마음을 가진 이들'이 있습니다. 이들에게는 복음을 명확하게 제시하고, 교회 예배로 초청하는 것을 주저하지 않아야 합니다. 그 마음이 열려 있을 때, 복음을 듣고 믿음으로 나아갈 수 있도록 적극적으로 도와야 합니다. 하나님께서 예비하신 사람이라면, 그 순간이 구원의 문이 열리는 시간이 될 수 있습니다.

사람마다 신앙 문턱의 높낮이가 다르기에, 전도를 할 때 상대의 높고 낮음을 살피면서 다가가는 눈높이의 지혜가 필요합니다. 이러한 섬세한 배려가 복음의 씨앗이 심기고 자랄 수 있는 좋은 밭을 만들어 줍니다.

다음 중 '눈높이 전도'에서 거리가 먼 것은 무엇인가요?
① 상대의 상황을 읽어내면서 전도의 속도를 조절한다.
② 복음을 무조건 빠르게 전달하고 반응을 끌어내는 게 최고다.
③ 종교에 무관심한 이에게는 먼저 섬김과 관심으로 다가간다.
④ 종교에 열린 마음을 가진 이에게는 복음을 분명히 제시한다.

3. 전도의 문을 여는 여러 질문들(Various Questions)

전도는 '말하는 것'에서 시작하지 않고, '듣는 것'에서 시작됩니다. 먼저 듣고 나서 천천히 대화를 가져가야 합니다. 대화를 시작할 때 바로 복음을 설명하려 하기보다는, 일상적인 대화를 통해서 마음의 문을 여는 것이 중요합니다.

"요즘 에너지를 어디에 주로 쓰시나요?", "최근에 기뻤던 순간이 언제인가요?" 이런 질문은 상대방의 삶을 이해하고 공감하는 첫걸음이 됩니다. 가벼우면서도 진솔한 질문이 부담 없이 대화를 시작하고 이어갈 수 있도록 돕습니다.

"평소에 스트레스를 어떻게 푸세요?", "요즘 어떤 것에서 위로를 받으시나요?" 이런 질문은 마음속 깊은 고민과 갈망을 드러내는 연결점이 될 수 있습니다.

"어떤 가치를 중요하게 여기시나요?", "지금 신경 쓰이는 일이 있나요?" 이런 질문은 자연스럽게 인생관과 세계관의 대화로 나아갈 수 있게 해 줍니다.

다양하게 질문을 하는 목적이 상대를 분석하는 데에 있지 않습니다. 진심 어린 관심을 표현하면서 그의 삶에 가깝게 다가가기 위함입니다. 이러한 질문을 통해서 신뢰가 쌓이고, 대화의 맥락이 깊어질 때 복음에 대한 나눔으로 자연스럽게 연결될 수 있습니다. 질문은 단순히 '말문을 여는 도구'가 아니라, '사람의 마음을 여는 열쇠'입니다.

함께 나누어요 ❸

'전도의 문을 여는 질문'에 담아야 할 바람직한 태도는 무엇인가요?

① 분석과 판단

② 설득과 논쟁

③ 진심과 관심

④ 훈련과 통제

4. 예수님을 간단하게 소개하기(to Introduce Jesus Simply)

전도의 중심에 예수 그리스도께서 계십니다. 대화 중 계기가 마련이 되었을 때, 그 순간에 예수님이 나에게 어떤 분이신지를 짧고 분명하게 소개하는 용기가 필요합니다. "예수님은 나에게 매우 소중한 분이십니다." "예수님 때문에 살아갈 힘을 얻습니다." 이때 예수님을 길고 장황하게 소개할 필요는 없습니다. "예수님은 제 삶에 소망을 주시는 분이십니다"처럼, 한 문장으로도 전도하기에 충분한 시작이 될 수 있습니다. 상대의 상황에 따라서, '저는 힘들 때 예수님께 기도하면서 위로를 받아요'처럼 개인적인 체험을 나누는 것도 좋은 방법입니다. 복음은 이론이 아니라 '삶 속에서 경험되는 진리'이기 때문에, 삶의 기쁨이나 평안을 나누는 진솔한 고백이 커다란 울림을 줄 수 있습니다.

기회가 주어졌을 때 '예수님은 나에게 새로운 생명을 주신 분입니다!' 이렇게 복음의 핵심 메시지를 간결하게 소개하는 것도 필요합니다. 예수님을 소개함에 있어서 중요한 것은 상대의 눈높이에 맞추어서 부담 없이 들을 수 있도록 배려하는 태도입니다. 복음은 '말'로 전하지만, 사람의 마음은 '사랑'으로 열립니다. 예수님에 대해서 간단하게 말하되, 진심을 담아 말한다면, 그의 마음이 예수님을 향해서 활짝 열리게 될 줄 믿습니다.

다음 중 '예수님을 간단하게 소개하기'의 취지에 맞지 않는 태도는 무엇인가요?

① 예수님을 내 삶의 언어로 진심 있게 전한다.
② 상대의 눈높이에 맞춰서 부담을 주지 않고 예수님을 소개한다.
③ 복음의 핵심을 짧고 분명하게 말한다.
④ 신학적 개념과 교리 체계를 빠짐없이 장황하게 설명한다.

5. 교회 용어를 일상 용어로(Matter of Terminology)

전도를 할 때 우리가 자주 쓰는 교회 용어가 오히려 소통을 막는 벽이 될 수 있습니다. 교회에서는 익숙한 말이지만, 처음 듣는 사람에게는 낯설고 막연한 말일 수 있기 때문입니다. 예를 들면 대화의 물꼬를 틀 때 '죄'라는 말을 하면 그 사람을 정죄하는 것처럼 들릴 수 있습니다. '죄' 대신에 '상처를 주고 관계를 멀어지게 하는 선택'이라고 표현하는 것이 바람직합니다. '회심'이라는 말도 어렵게 들리는 말입니다. '회심'을 '인생의 방향을 바꾸는 것' 혹은 '하나님께로 돌아서는 것'이라고 하면, 듣는 이가 쉽게 알아들을 수 있습니다. '은혜'는 '값없이 받는 도움'으로, '믿음'은 '신뢰하고 맡기는 마음'으로 바꾸어서 쓸 수 있습니다.

전도를 할 때 상대방이 이해할 수 있는 언어로 복음을 풀어주는 배려가 필요합니다. 용어보다 중요한 것은 '마음이 전해지는 방식'입니다. 용어를 바꿈으로써, 대화가 열리고 마음이 움직일 수 있습니다. 복음은 어려운 용어보다, 따뜻한 언어와 진심 어린 태도를 통해서 더 잘 전해집니다. 복음의 내용을 잘 준비하는 만큼, 그 표현 방식도 지혜롭게 준비해야 합니다.

전도 시 교회 용어를 일상 용어로 바꾸는 이유가 무엇인가요?
① 교회 용어가 처음 듣는 사람에게 낯설고 부담스럽게 들릴 수 있기 때문에
② 낯선 교회 용어가 그 사람의 마음의 문을 닫도록 만들 수 있기 때문에
③ 상대방이 이해하고 공감할 수 있도록 하기 위해서
④ 따뜻한 대화 분위기를 만들고 마음의 문을 열기 위해서

6. 허락받은 후 짧게 기도하기(to Pray Briefly)

전도를 하다 보면, 대화 도중에 상대의 마음이 조금씩 열리는 순간이 있습니다. 이때 조심스럽고 정중하게, "제가 선생님을 위해서 짧게 기도해도 괜찮을까요?"라고 제안해 보시기 바랍니다. 이 한마디가 부담이 아닌 배려의 표현으로 들릴 수 있습니다. 허락을 받았을 경우, 그 자리에서 30초 이내로

짧고 진심 어린 기도를 드리는 것이 좋습니다. 기도는 길이보다 진심과 타이밍이 중요하기 때문입니다. "하나님, 이분의 삶을 평강으로 채워주십시오!" 이렇게 짧게 드리는 기도도 하나님께서 들으십니다. 그리고 상대방은 그 기도를 통해서 하나님의 따뜻한 관심과 돌보심을 간접적으로 경험할 수 있습니다. 때로는 그 짧은 기도가 그에게 평생 기억에 남는 은혜의 순간이 될 수도 있습니다. 중요한 것은 억지로 기도하려 하지 않고, 상대의 반응을 존중하면서 예의 있게 다가가는 태도입니다. 짧은 기도가 그의 마음을 어루만지는 도구가 될 수 있습니다.

전도 중 상대에게 기도를 제안하려고 할 때 바람직한 말은 무엇인가요?

① "지금 제가 기도하려고 하니, 눈을 감으세요."

② "제가 지금 하나님께 기도하려고 하는데, 상관없겠죠?"

③ "제가 지금 선생님을 위해서 짧게 기도하고 싶은데, 괜찮을까요?"

④ "하나님께서 당신을 바꾸실 겁니다. 눈을 감으세요. 기도할 때 눈을 뜨면 안 됩니다."

7. 직장이나 학교에서의 전도 경계선(Boundaries of Evangelism)

직장이나 학교에서 전도를 하는 것은 귀한 열정입니다. 하지만 전도는 어디서든 상황에 따른 지혜와 분별이 함께해야 하는 사역입니다. 직장은 '일'을 위한 공간이고, 학교는 '배움'을 위한 공간입니다. 이 본래의 목적을 무시하고 전도에만 집중한다면, 복음이 아니라 무례함과 방해로 비춰질 수 있습니다.

예를 들면 근무시간 중에 업무를 제쳐두고 전도하는 것은 책임을 저버리는 행동이 될 수 있습니다. 쉬는 시간이나 식사 시간처럼 자연스럽고 허용된 틀 안에서 대화를 시도하는 것이 바람직합니다. 학교에서도 여럿이 모여 있는 자리에서 따로 전도를 하거나 친구에게 압박을 주는 방식은 피해야 합니다. 친구이든지, 선배이든지, 후배이든지, 개인적으로 친밀한 자리가 마련됐을 때 조심스럽게 전도의 대화를 시작하는 것이 좋습니다.

신앙인들은 공적인 자리에서 개인적으로 신앙을 표현하면서 전도를 할 때, 지켜야 하는 경계선을 넘지 않아야 합니다. 이렇게 절제된 태도가 그 자리의 사람들에게 신뢰와 존중을 주면서 복음의 향기를 드러내는 방식이 될 수 있습니다.

직장에서 전도를 할 때 '절제된 태도'가 복음의 향기가 될 수 있는 이유가 무엇인가요?
　① 불쾌함을 주는 것이 다른 사람의 마음을 닫게 만들 수 있기 때문에
　② 말이 많을수록 듣는 사람의 마음이 닫힐 수 있기 때문에
　③ 상황을 고려할 때 상대의 마음의 문이 열리기 때문에
　④ 열정을 상황에 따라서 절제할 때, 진심이 전해지기 때문에

8. 교회 초청을 위한 실천 사안(Practical Applications)

교회에서 전교인을 대상으로 하는 '생명 나눔 축제'는 단순한 이벤트가 아니라, 한 영혼을 사랑으로 품는 기회입니다. 그런데 지인을 무작정 교회로 데려오려 하면, 마음을 닫게 만들고 잘못하다가는 관계까지 틀어질 수 있습니다. 그래서 교회로 초청하기 전에 기도와 관계 맺기, 배려의 표현이 선행되어야 합니다. 이런 흐름을 구체화한 것이 바로 '1.5.3 운동'입니다. '1.5.3 운동'은 '한 사람(1)'이 '다섯 가지 실천(5)'을 통해서 '세 사람(3)'을 초청하는 실천 사안입니다. 다섯 가지 실천은 다음과 같습니다.

(1) 기도하기 - 그 영혼을 위해서 먼저 하나님의 도우심을 구합니다.

(2) 선물하기 - 작고 따뜻한 선물로 마음의 문을 엽니다.

(3) 식사하기 - 일상적인 식사를 통해서 교제를 나눕니다.

(4) 간증하기 - 자연스럽게 나의 신앙 경험을 나눕니다.

(5) 인도하기 - 준비가 되었을 때 조심스럽게 교회로 초청합니다.

이러한 단계적인 접근은 지인에게 부담을 주지 않으면서도 복음의 통로가 될 수 있습니다. 초청이 관계 속에서 이루어질 때 더 깊은 열매로 이어집니다.

함께 나누어요 ❽

다음 중 교회로 지인을 초청하기 전에 먼저 선행되어야 하는 것은 무엇인가요?

① 교회로 초청하기 전에 그 사람의 상황과 마음을 살피는 것이 먼저다.

② 다짜고짜 신앙 이야기를 꺼내며 부담을 주면서 교회로 초청한다.

③ 먼저 기도하고, 관계를 쌓고, 배려를 하면서 교회로 초청한다.

④ 주일 아침에 갑자기 연락해서 함께 교회에 가자고 얘기한다.

함께 나누어요 ❾

하나님께서 나를 사용하셔서 전도의 통로가 되게 하셨던 경험이 있습니까? 그때 마음과 느낌이 어땠는지를 잠시 돌아보시기 바랍니다.

성경 공부를 마치며

지금까지 "생활 속 작은 전도 습관"이라는 주제로 성경 공부를 하였습니다. 성경 공부를 통해서 깨달은 점이나 마음에 남은 은혜나 새롭게 얻은 통찰을 간단하게 적어 보시기 바랍니다. 이 기록이 앞으로 하나님과 함께 걸어갈 믿음의 여정을 새롭게 준비하는 소중한 흔적이 될 것입니다.

예시

성경 공부를 통해서 전도가 거창한 일이 아니라, 일상 속에서 자연스럽게 살아내는 삶의 태도임을 깊이 깨달았습니다. 나의 작은 배려와 따뜻한 말 한마디와 짧은 기도조차도 하나님께서 복음 전도에 사용하시는 귀한 도구가 될 수 있다는 점이 인상 깊었습니다. 그리고 상대를 존중하고 눈높이에 맞추어 다가가는 전도 방식이 진정한 사랑의 실천임을 느꼈습니다. 앞으로 나에게 허락된 모든 삶의 자리에서 복음의 향기를 풍겨내는 일상의 전도자로 살아가고 싶습니다.

성경 공부를 통해서 얻은 통찰 메모하기